Klassische Schullektüre
Herausgeber: Ekkehart Mittelberg

Johann Wolfgang Goethe

Faust I

Bearbeitet von Erdmute J. Pickerodt-Uthleb
und Gerhart Pickerodt

Umschlaggestaltung: Matthias Mantey
Umschlagillustration: Klaus Ensikat
Technische Umsetzung: Enev Design & Consulting, Berlin

www.cornelsen.de

2. Auflage, 3. Druck 2012 / 06

Alle Drucke dieser Auflage sind inhaltlich unverändert
und können im Unterricht nebeneinander verwendet werden.

© 1996 Cornelsen Verlag, Berlin

Das Werk und seine Teile sind urheberrechtlich geschützt.
Jede Nutzung in anderen als den gesetzlich zugelassenen Fällen bedarf
der vorherigen schriftlichen Einwilligung des Verlages.
Hinweis zu den §§ 46, 52 a UrhG: Weder das Werk noch seine Teile dürfen
ohne eine solche Einwilligung eingescannt und in ein Netzwerk eingestellt
oder sonst öffentlich zugänglich gemacht werden.
Dies gilt auch für Intranets von Schulen und sonstigen Bildungseinrichtungen.

Druck: H. Heenemann, Berlin

ISBN 978-3-464-52203-5

 Inhalt gedruckt auf säurefreiem Papier aus nachhaltiger Forstwirtschaft.

INHALT

Biografie des Autors 5

Text mit Wort- und Sacherläuterungen 11
  Zueignung 11
  Vorspiel auf dem Theater 13
  Prolog im Himmel 20
  Der Tragödie erster Teil 24
    Nacht 24
    Vor dem Tor 41
    Studierzimmer 52
    Studierzimmer 63
    Auerbachs Keller in Leipzig 82
    Hexenküche 90
    Straße 99
    Abend 102
    Spaziergang 106
    Der Nachbarin Haus 108
    Straße 113
    Garten 114
    Ein Gartenhäuschen 119
    Wald und Höhle 120
    Gretchens Stube 125
    Marthens Garten 127
    Am Brunnen 131
    Zwinger 132
    Nacht 134
    Dom 139
    Walpurgisnacht 141
    Walpurgisnachtstraum oder
    Oberons und Titanias goldne Hochzeit 155
    Trüber Tag · Feld 160
    Nacht · Offen Feld 162
    Kerker 163

Der *Faust*-Stoff vor Goethe 170

Glossar 172

Bibliografie 175

Bildquellenverzeichnis 175

F. Bury Johann Wolfgang Goethe (Kreidezeichnung, 1800)

BIOGRAFIE DES AUTORS

Über das Leben Goethes werden gemeinhin umfassende, im 20. Jahrhundert mehrbändige Werke geschrieben. Soll hier auf knappstem Raum der Versuch unternommen werden, jenes Leben zu vergegenwärtigen, so fordert dies neben Mut, ja Tollkühnheit die Bereitschaft zu einem Verfahren, das Goethe nicht fremd war, nämlich zum Symbolisieren: Weniges, das berichtet wird, steht für vieles, das in jenem Berichteten als mit enthalten zu denken ist. Außerdem vermittelt Goethes über sechs Jahrzehnte sich erstreckende Beschäftigung mit dem *Faust* eine Art Leitfaden, der in mancherlei Hinsicht auch als Entwicklungslinie der inneren Biografie des Autors gelten kann. Äußerlich ist Goethes Leben ohnehin nicht sehr abwechslungsreich verlaufen: Die Stationen seiner Vita ließen sich in wenigen Zeilen aufzählen. Wichtiger hingegen sind die vielfachen Erfahrungen und Erfahrungsweisen, die Goethe sich in der Kunst, in der Literatur, in der Natur sowie in Geschichte und Politik zugeeignet hat.

1749   Am 28. August 1749 wurde Johann Wolfgang Goethe in der Freien Reichsstadt Frankfurt am Main geboren. Seine Eltern, Johann Caspar und Katharina Elisabeth, aus alten Handwerkerfamilien in den Patrizierstand Frankfurts aufgestiegen, geben dem Sohn bereits eine Fülle von Anregungen – die Mutter in praktischer Lebensklugheit und Witz, der Vater in der Literatur der europäischen Aufklärung sowie in Sprachen (Hebräisch, Griechisch, Lateinisch, Französisch, Englisch, Italienisch), die er dem Sohn teils selbst, teils über Lehrer, teilweise sogar in Lerngemeinschaft mit ihm vermittelte. Der ein wenig pedantische Vater führte über den Sohn ein strenges Regiment, während Goethes jüngere Schwester Cornelia – dem geschlechtsspezifischen Erziehungsmodell der Zeit entsprechend – mehr auf die Mutter bezogen aufwuchs, dennoch aber in enger Verbindung mit dem Bruder.

Über die Kindheit und Jugend, sodann auch über das Leben des jungen Erwachsenen Johann Wolfgang Goethe hat er selbst in seiner Autobiografie *Dichtung und Wahrheit* – beide Begriffe stehen sich nicht gegensätzlich, sondern aufeinander verweisend gegenüber – berichtet. Darin finden sich unter anderem Darstellungen, welche die Bedeutung des Puppenspiels für die Kinder hervorheben, des Puppenspiels, das ihn möglicherweise schon früh mit dem *Faust*-Stoff in Berührung kommen ließ und das er auch in seinem großen Bildungsroman *Wilhelm Meisters Lehrjahre* (1795) verarbeitet hat.

1765   Mit 16 Jahren zog Goethe als Student nach Leipzig, in eine Stadt, die im Unterschied zu dem beinahe noch mittelalterlich anmutenden Frankfurt bereits bedeutend moderner orientiert war. Sein juristisches Studium musste Goethe 1768 unterbrechen, schwer erkrankt – wohl an Tuberkulose – kehrte er nach Frankfurt zurück und genas nur langsam, während er unter pietistischem Ein-

fluss pansophisch-alchemistische (> Glossar) Schriften las – eine Lektüre, die
1770 er in der *Faust*-Dichtung fruchtbar werden ließ. Als Goethe im Sommer 1770
nach Straßburg ging, um dort seine Studien abzuschließen, erschloss sich dem
Einundzwanzigjährigen intellektuell und emotional eine neue Welt: anstelle
der durch den Vater und in Leipzig (Gottsched) vermittelten Aufklärung nun –
angeregt durch Herder – Shakespeare, die gotische Baukunst und das Dichten
im Volkston. Die Sesenheimer Pfarrerstochter Friderike Brion wurde die Ad-
ressatin von Liebesgedichten (*Willkommen und Abschied*), die sich von der
hergebrachten Anakreontik (einer kunstvoll-verspielten Dichtungsart des
Rokoko) durch geniale Einfachheit und Authentizität des Tons unterschieden.

1772 Nach der Promotion zum Doktor der Rechte ging Goethe 1772 nach Wetzlar
an das Reichskammergericht und verarbeitete seine dort gewonnenen Erfahrungen in gesteigerter Intensität in seinem *Werther*-Roman, der, in wenigen
1774 Wochen 1774 niedergeschrieben, Goethe mit einem Schlag zur europäischen
Berühmtheit machte. Der *Werther* war wieder in Frankfurt entstanden, wo
Goethe nach der Rückkehr aus Wetzlar als junger Rechtsanwalt lebte, sich mit
einer jungen Dame der Frankfurter Gesellschaft verlobte (Lili Schönemann),
in dieser Zeit aber auch viele seiner Jugendwerke konzipierte wie *Götz von
Berlichingen*, *Stella* und *Egmont*. Wann er seine vielfachen Berührungen mit
dem *Faust*-Stoff (Volksbuch, Bühnenfassungen, Puppenspiel) sowie das Lo-
kalereignis des Prozesses gegen die Kindsmörderin Susanna Margaretha
Brandt (1772) in eigene dichterische Arbeit zu überführen begann, ist unbekannt, doch spricht eine Quelle aus dem Herbst 1774 von einem „fast fertigen
Stück", eine Äußerung, die mit Bezug auf die Konzeption der frühen Fassung,
die als *Urfaust* überliefert ist, nicht einmal ganz verkehrt gewesen sein muss.

1775 Der Herbst des Jahres 1775 brachte eine wichtige, wenn nicht gar entscheiden-
de Wende in Goethes Leben. Eingeladen vom Erbprinzen und späteren Herzog von Sachsen-Weimar-Eisenach ging er nach Weimar, um dort eine steile
politische Karriere zu erleben: vom Legationsrat zum Minister, in dessen Zu-
ständigkeit der Bergbau, der Wegebau, das Rekrutenwesen, die Universität
Jena und später das Weimarer Hoftheater fielen. Aber es waren in Weimar
nicht nur die mannigfaltigen ministeriellen Aufgaben, die ihn beschäftigten:
Wesentlicher noch war die Tatsache, dass Goethe einen großen Teil seiner Zeit
mit dem Herzog verbrachte und auf dessen jugendlichen Übermut – der ihm
selber nicht fremd war – mäßigend einwirkte. Die Konzeption eines aufgeklärten, mit Maßen gemeinwohlorientierten Absolutismus, der Goethe sein Leben
lang anhing, hat hier ihre Wurzeln.

Am Weimarer Hof wurde Goethe in ein geselliges Leben aufgenommen, dessen Zentrum er – neben der Herzoginmutter Anna Amalia – bald zu werden
begann, indem er aus eigenen und fremden Texten vorlas, Spiele organisierte
und die Hofgesellschaft zum Laientheater formte. Private Beziehungen entwickelte Goethe in den ersten Weimarer Jahren wenig, ausgenommen das in-

tensive, bei aller Spiritualität dennoch erotische Verhältnis zu Charlotte von Stein, der Goethe gegenüber sieben Jahre älteren Frau des herzoglichen Oberstallmeisters. Charlotte von Steins sublime Weiblichkeit dürfte in mehreren Frauenfiguren in Goethes Dramen dieser Jahre ihren Niederschlag gefunden haben, so in der Iphigenie, nicht weniger in der Prinzessin des *Tasso*-Dramas. Wiewohl Goethe in seinem ersten Weimarer Jahrzehnt, soweit bekannt, am *Faust* nicht weiterarbeitete – immerhin las er am Hof mehrfach daraus vor und ein Weimarer Hoffräulein (Luise von Göchhausen) fertigte eine Ab- oder Mitschrift an, die im späten 19. Jahrhundert wiedergefunden und von ihrem Herausgeber E. Schmidt als *Urfaust* deklariert wurde –, nahm er das Konvolut

1786 doch auf die Reise nach Italien mit, zu der er am 3. September 1786 abschiedslos von Karlsbad aus aufbrach. Man muss diese Reise nicht unbedingt als Flucht vor einschränkenden, ja bedrückenden Weimarer Verhältnissen deuten: Immerhin hielt Goethe es nach seiner Rückkehr 1788 noch 44 Jahre – bis zu seinem Tod – dort aus. Die Motive für die Reise lagen vielmehr in ästhetischer Neugier (Antike!), erotischer Sehnsucht und wissenschaftlichem Interesse (Botanik) sowie in einem Bedürfnis nach Ungebundenheit und Spontaneität, das der Reisende, zumal unter Pseudonym, in hohem Maße befriedigen konnte. In Rom, Neapel, Pompei, Paestum, Agrigent und Segesta, um nur wenige Stationen zu nennen, begegnete er den Spuren der Antike, und zwar, wie es seiner Natur entsprach, handgreiflich-sinnlich, im Verschmelzen ästhetischer und erotischer Bedürfnisse: „Sehe mit fühlendem Aug, fühle mit sehender Hand", wie es in der V. der *Römischen Elegien* auf ein umfassendes sinnliches Gesamterleben bezogen heißt, das auch die wissenschaftliche Betrachtung der Natur einschloss. Insbesondere die Beschäftigung mit der Pflanzengestalt und -entwicklung erfuhr in Italien einen bedeutenden Auftrieb, sodass sich der Dichter in Palermo der Idee der „Urpflanze" nahe glaubte, einem Modell, das es erlaubt, „Pflanzen ins Unendliche [zu] erfinden", insofern sie „eine innerliche Wahrheit und Notwendigkeit haben." (*Italienische Reise*, 15. Mai

1787 1787). Dichten und Sehen, Finden und Erfinden sind für Goethe keine wesentlich verschiedenen Tätigkeiten, weswegen der Dichter und der Naturforscher einander nicht zu widersprechen brauchten, sich vielmehr wechselseitig inspi-

1788 rierten. Während des 2. römischen Aufenthalts (1787/88) beschäftigte sich Goethe mit dem *Faust*. Im Garten der Villa Borghese führte er Teile der Paktszene, der Hexenküche sowie Wald und Höhle aus. Gemeinsam mit den be-

1790 reits in den siebziger Jahren gedichteten Szenen werden die neuen 1790 unter dem Titel *Faust. Ein Fragment* veröffentlicht. Die Publikation dieser Szenenfolge, in deren Mittelpunkt die Gretchen-Handlung steht, lässt den Schluss zu, dass Goethe nach seiner Rückkehr aus Italien die Möglichkeit ausschloss, das Werk in einer überschaubaren Zeit zu vollenden, zumal in dieser Phase an die Zweiteilung des Dramas noch nicht gedacht war.

7

Zwei Revolutionen beschäftigen Goethe nach seiner Italien-Reise vehement: die seines Hausstandes und die politische in Frankreich. Sie wirken komplementär: Während die Verbindung mit Christiane Vulpius, wenngleich erst 1806 [!] durch Eheschluss legitimiert, Goethes häusliches Leben nach innen und außen hin in mannigfaltiger Weise absichert, erzeugt die Französische Revolution von 1789 eine tief greifende Verunsicherung, der Goethe auch poetisch-publizistisch (in Texten wie *Die Aufgeregten, Unterhaltungen deutscher Ausgewanderten, Hermann und Dorothea*) zu begegnen sucht, indem er die Revolution als den bürgerlich-häuslichen Frieden störend zu bagatellisieren beabsichtigt. Gemeinsam mit dem Freund – und Konkurrenten – Friedrich

1794 Schiller entwickelt Goethe ab 1794 eine Konzeption, die darauf abzielt, die Menschen durch die Erfahrung einer autonomen Kunst von ihren inneren Widersprüchen zu befreien, und zwar derart, dass am Ende nicht die Befähigung zu politischer Freiheit steht, sondern deren Verwandlung in die höhere Sphäre des ästhetischen Spiels, in dem die Menschen ihre gegensätzlichen Anlagen und Interessen zum Ausgleich gebracht haben werden. Innere Harmonie soll republikanische Freiheit gegenstandslos werden lassen. Diese ästhetische Bildungsidee der später so genannten „Weimarer Klassik", die den Bereich des Politischen als solchen negiert, hat über die beiden letzten Jahrhunderte hinweg die deutsche Geschichte entscheidend geprägt, mehr zumindest, als die beiden Urheber angesichts relativer Wirkungslosigkeit ihrer Ideen zu ihrer Zeit hoffen konnten.

Die hohe Zielsetzung ästhetischer Emanzipation hinderte Goethe und Schiller allerdings nicht an kleinen literarischen Feldzügen gegen solche Autoren, von denen sie meinten, sie stünden ihren Absichten entgegen. Aufklärer wie Friedrich Nicolai, demokratische Revolutionäre wie Georg Forster wurden in den *Xenien* mit teilweise recht groben Waffen zu verletzen gesucht.

Später ist es dem Drängen Schillers zu verdanken, dass Goethe die Arbeit am *Faust* wieder aufnahm. Während Schillers Anfrage vom November 1794 noch

1797 negativ beschieden wird, teilt Goethe im Juni 1797 Schiller seinen Entschluss mit, die Arbeit „wo nicht zu vollenden, doch wenigstens ein gutes Teil weiter zu bringen". Schiller wird aufgefordert „die Sache einmal in schlafloser Nacht durchzudenken" und ihm, Goethe, „die Forderungen, die Sie an das Ganze machen würden, vorzulegen und so mir meine eigenen Träume als ein wahrer Prophet zu erzählen und zu deuten". Schiller suchte diesem Verlangen in Gesprächen und Briefen vielfach zu entsprechen, wenngleich er wusste, dass Goethe ihn mit dem Ansinnen, als dessen „wahrer Prophet" zu fungieren, bei weitem überforderte.

Auch Goethes Tagebuch vom Juni 1797 enthält mehrere Eintragungen, die die Wiederaufnahme der Arbeit belegen, z. B. „Ausführliches Schema zum *Faust*",

1800 „Zueignung an *Faust*". In den Jahren vor 1800 reißen solche Zeugnisse nicht ab, indessen fordert im September 1800 die Helena-Episode Goethes Auf-

8

merksamkeit, sodass erst der zu diesem Zeitpunkt gefasste Entschluss, das Werk in zwei Teile zu gliedern, den Abschluss des ersten ermöglicht. Dennoch scheint es neue Probleme und Hindernisse zu geben, denn im Dezember 1801 zweifelt Schiller in einem Brief an den Verleger Cotta, dass Goethe den *Faust* noch vollenden werde. Erst im Zuge der Vorbereitung einer neuen großen Werkausgabe ab 1805, die 1806 bis 1810 in 13 Bänden erschien, meldet das Tagebuch von 1806 die letzten Schritte zur Vollendung des I. Teils, der dann

1808 Ostern 1808 zur Messe im 8. Band der Werkausgabe erschien. Wahrlich ein langer Weg von der Wiederaufnahme 1797 bis zur Drucklegung 1808! Schiller war 1805 gestorben, der Krieg hatte Weimar 1806 mit Plünderungen erreicht, Goethe hatte Christiane – aus Dankbarkeit, wie es heißt, weil sie ihm die Kriegsgräuel vom Halse gehalten hatte – geheiratet.

Das Haus war somit bestellt, Frau und Sohn August waren legitimiert, Goethe, der nach Erscheinen des I. *Faust*-Teils mit 59 Jahren der „alte" zu werden begann, konnte sich, nach der Rückkehr aus Italien ohnehin von den meisten ministeriellen Aufgaben befreit, ganz seinen wissenschaftlichen und dichterischen Interessen widmen und sich in der Sonne seines Weltruhms wärmen, was ihn allerdings, aufgrund häufiger Besuche auswärtiger Bewunderer, nicht eben wenig Zeit kostete.

Goethe betrieb neben den morphologischen, auf Pflanzen- und Tierwelt bezogenen Studien auch meteorologische und optisch-physikalische der *Farben-*

1810 *lehre*, niedergelegt in einem zweibändigen Werk, das 1810 abgeschlossen wurde. Die enge Beziehung von Naturwissenschaft und Dichtung verdeutlicht – und ironisiert – der 1809 publizierte Roman *Die Wahlverwandtschaften*, in dessen Zentrum das chemische Gleichnis der Anziehung und Abstoßung von Elementen steht. Goethe spielt in diesem Roman mit dem Gegensatz von Naturkausalität und menschlicher Freiheit, einer Erbschaft Schillers, die er jedoch nicht unbedingt in dessen Sinn verwahrte, weil er, Goethe, sich nicht strikt gegen die Natur und deren Triebe, Wünsche und Bedürfnisse zu stellen bereit war. Seine Romanhelden, Eduard und Ottilie, ließ er am Ende buchstäblich verhungern, Ottilie, weil die Natur in ihr verlosch, Eduard, indem er ohne sie nicht weiterleben mochte noch konnte. Liebe, Tod und Verklärung sind die Themen nicht nur der *Wahlverwandtschaften*, sondern, auf mannigfaltigen Ebenen und in vielfachen Brechungen, auch anderer Werke, so etwa des *West-östlichen Diwan*, einer Gedichtsammlung, in der Goethe eigene Erfahrungen in Gedichten des persischen Dichters Hafis spiegelte. Marianne von Willemer,

1814 die Goethe 1814 in Frankfurt kennen lernte, hieß in den Diwan-Gedichten Suleika nicht aus dem Grund allein, dass die Geliebte nur verschlüsselt genannt werden durfte, sondern auch deswegen, weil im exotischen Gewand die Besonderheit jener Altersliebe des 65-Jährigen zum Ausdruck kommen konnte.

Als wichtigste kompositorische Vorstufe für den II. Teil des *Faust*, nicht weniger aber auch in eigener Bedeutung, kann der Roman *Wilhelm Meisters Wan-*

9

1821	*derjahre* (1821) gelten, der das Individualkonzept des frühen *Lehrjahre-Meisters* (Ausbildung der Anlagen und Fähigkeiten des einzelnen Menschen) zu Gunsten eines viele Formen und Genres vereinigenden symbolischen Gesellschaftstableaus außer Kraft setzt. Von *Faust* ist allerdings in all den Jahren seit 1808 nicht die Rede. Erst 1816 entwirft Goethe für das 18. Buch seiner Autobiografie *Dichtung und Wahrheit* eine Skizze des Inhalts von *Faust II*, wohl deswegen, weil er selbst nicht mehr an die Vollendung dieses überdimensionalen Dramas glaubt. Da Goethes Sekretär Eckermann jedoch die Inhaltsskizze benutzt, um Goethe zur weiteren Arbeit am II. Teil zu drängen, unterbleibt ihre Publikation im Rahmen von *Dichtung und Wahrheit*. Abgesehen aber davon, dass die Skizze mit der späteren Ausführung nur in groben Umrissen übereinstimmt, verzichtete Goethe darin auch auf den Bericht vom Ende: „Indessen altert er und wie es weiter ergangen, wird sich zeigen, wenn wir künftig die Fragmente oder vielmehr die zerstreut gearbeiteten Stellen dieses 2. Teils zusammenräumen und dadurch einiges retten, was den Lesern interessant sein wird."

1821 derjahre (1821) gelten, der das Individualkonzept des frühen *Lehrjahre-Meisters* (Ausbildung der Anlagen und Fähigkeiten des einzelnen Menschen) zu Gunsten eines viele Formen und Genres vereinigenden symbolischen Gesellschaftstableaus außer Kraft setzt. Von *Faust* ist allerdings in all den Jahren seit 1808 nicht die Rede. Erst 1816 entwirft Goethe für das 18. Buch seiner Autobiografie *Dichtung und Wahrheit* eine Skizze des Inhalts von *Faust II*, wohl deswegen, weil er selbst nicht mehr an die Vollendung dieses überdimensionalen Dramas glaubt. Da Goethes Sekretär Eckermann jedoch die Inhaltsskizze benutzt, um Goethe zur weiteren Arbeit am II. Teil zu drängen, unterbleibt ihre Publikation im Rahmen von *Dichtung und Wahrheit*. Abgesehen aber davon, dass die Skizze mit der späteren Ausführung nur in groben Umrissen übereinstimmt, verzichtete Goethe darin auch auf den Bericht vom Ende: „Indessen altert er und wie es weiter ergangen, wird sich zeigen, wenn wir künftig die Fragmente oder vielmehr die zerstreut gearbeiteten Stellen dieses 2. Teils zusammenräumen und dadurch einiges retten, was den Lesern interessant sein wird."

1825 Wie diese Rettung aussah, zeigt der ab 1825 dann kontinuierlich als Goethes „Hauptgeschäft" voranschreitende II. Teil, der zwar keine fortlaufende figurenbezogene Handlung aufweist, dennoch aber über das „Zusammenräumen" von Fragmenten kraft seiner inneren Kohärenz weit hinausgeht, indem er die Teile nicht nur additiv reiht, sie vielmehr mannigfaltig aufeinander bezieht: in Spiegelungen und Brechungen, in Metamorphosen und Steigerungen. Im

1831 Herbst 1831 wird die Reinschrift abgeschlossen, das handschriftliche Konvolut, verpackt und versiegelt, der Nachwelt überantwortet. Dennoch wird der Text im Januar 1832 noch einmal ausgepackt, um ihn der Schwiegertochter Ottilie und bisweilen auch Eckermann vorzulesen. Am 24. Januar beschließt Goethe sogar noch einmal Texterweiterungen, sodass sich mit Fug behaupten

1832 lässt, Goethe habe bis kurz vor seinem Tod am 22. März 1832 am *Faust* gearbeitet.

Wenngleich in der Entstehungsgeschichte des *Faust* mehrfach vieljährige Pausen zu registrieren sind, war die Notwendigkeit des Fortschreitens doch nie vergessen. Sei es, dass andere daran dachten, wie Schiller oder Eckermann, sei es, dass Goethe sich selbst mit Fortsetzungsplänen trug, sei es schließlich, dass aus der Resignation neues Planen erwuchs: Es gehört auch zur ganz und gar bürgerlichen Arbeitsmoral dieses Autors, dass er sich mit dem Unabgeschlossenen nicht auf Dauer zufriedengeben konnte. Der Figur des Faust musste im moralisch-theologischen, allerdings nicht christlichen Sinn Erlösung zuteil werden – im dichterischen eine ironische Form der Verklärung –, bevor der Greis im Bewusstsein eigener Unzeitgemäßheit die Dichtung für beendet erklären und sterben konnte.

FAUST

EINE TRAGÖDIE

ZUEIGNUNG

Ihr naht euch wieder, schwankende Gestalten,
Die früh sich einst dem trüben Blick gezeigt.
Versuch ich wohl euch diesmal festzuhalten?
Fühl ich mein Herz noch jenem Wahn geneigt?
Ihr drängt euch zu! nun gut, so mögt ihr walten,   5
Wie ihr aus Dunst und Nebel um mich steigt;
Mein Busen fühlt sich jugendlich erschüttert
Vom Zauberhauch, der euren Zug umwittert.

Ihr bringt mit euch die Bilder froher Tage
Und manche liebe Schatten steigen auf;   10
Gleich einer alten, halb verklungnen Sage
Kommt erste Lieb und Freundschaft mit herauf;
Der Schmerz wird neu, es wiederholt die Klage
Des Lebens labyrinthisch irren Lauf
Und nennt die Guten, die, um schöne Stunden   15
Vom Glück getäuscht, vor mir hinweggeschwunden.

Zueignung: eine Art Widmungsgedicht; entstanden wohl am 24. 6. 1797 (Tagebuchnotiz: *Zueignung an Faust*), als Goethe, gedrängt von Schiller (vgl. Biografie, S. 8), die Arbeit an *Faust* nach langjähriger Unterbrechung wieder aufnahm. Goethe wählt für diese Eröffnung des Gesamtwerkes eine der berühmtesten Stophenformen, die aus dem Italienischen stammende *Stanze*: Auf drei durch Kreuzreim (ab) verknüpfte Zeilenpaare folgt als zusammenfassender oder kontrastierender, bisweilen sentenzartiger Abschluss ein Reimpaar (cc), alles in fünfhebigen Jamben.
1 *schwankende Gestalten*: hier vielleicht: die undeutlich, mit verschwommenen Konturen aus *Dunst und Nebel* (6) der Erinnerung auftauchenden Gestalten; vgl. aber auch Goethes Sprachgebrauch in seinen naturwissenschaftlich-morphologischen Schriften, wo er alle, besonders organische Gestalten als nie in sich ruhende, abgeschlossene, sondern als „in einer steten Bewegung schwanke[nd]", sich in Metamorphosen ständig umbildend beschreibt
2 *früh*: Anspielung auf Goethes Beschäftigung mit dem *Faust*-Stoff – mit Unterbrechungen – seit etwa 25 Jahren
  trüben: (noch) getrübten
4 *Wahn*: (unbestimmte) Erwartung, Hoffnung
10 *liebe Schatten*: Erinnerung an entfernte, entfremdete oder bereits verstorbene Freunde, Bekannte und Verwandte

Sie hören nicht die folgenden Gesänge,
Die Seelen, denen ich die ersten sang;
Zerstoben ist das freundliche Gedränge,
Verklungen, ach! der erste Widerklang.   20
Mein Lied ertönt der unbekannten Menge,
Ihr Beifall selbst macht meinem Herzen Bang
Und was sich sonst an meinem Lied erfreuet,
Wenn es noch lebt, irrt in der Welt zerstreuet.

Und mich ergreift ein längst entwöhntes Sehnen   25
Nach jenem stillen, ernsten Geisterreich,
Es schwebet nun in unbestimmten Tönen
Mein lispelnd Lied, der Äolsharfe gleich,
Ein Schauer fasst mich, Träne folgt den Tränen,
Das strenge Herz, es fühlt sich mild und weich;   30
Was ich besitze, seh ich wie im Weiten,
Und was verschwand, wird mir zu Wirklichkeiten.

20 *Widerklang*: Echo auf seinen Vortrag
28 *lispelnd*: flüsternd
    Äolsharfe: durch den Wind zum Klingen gebrachte Harfe

VORSPIEL AUF DEM THEATER

DIREKTOR. THEATERDICHTER. LUSTIGE PERSON.

DIREKTOR. Ihr beiden, die ihr mir so oft,
In Not und Trübsal, beigestanden,
Sagt, was ihr wohl in deutschen Landen   35
Von unsrer Unternehmung hofft?
Ich wünschte sehr der Menge zu behagen,
Besonders weil sie lebt und leben lässt.
Die Pfosten sind, die Bretter aufgeschlagen
Und jedermann erwartet sich ein Fest.   40
Sie sitzen schon, mit hohen Augenbrauen,
Gelassen da und möchten gern erstaunen.
Ich weiß, wie man den Geist des Volks versöhnt;
Doch so verlegen bin ich nie gewesen:
Zwar sind sie an das Beste nicht gewöhnt,   45
Allein sie haben schrecklich viel gelesen.
Wie machen wir's, dass alles frisch und neu
Und mit Bedeutung auch gefällig sei?
Denn freilich mag ich gern die Menge sehen,
Wenn sich der Strom nach unsrer Bude drängt   50
Und mit gewaltig wiederholten Wehen
Sich durch die enge Gnadenpforte zwängt;
Bei hellem Tage, schon vor vieren,
Mit Stößen sich bis an die Kasse ficht
Und, wie in Hungersnot um Brot an Bäckertüren,   55

Vorspiel auf dem Theater: wohl in der zweiten Hälfte des Jahres 1798 entstanden und auf das Theater im Allgemeinen bezogen; 33–58, 75–242 Madrigalverse: alternierende Verse, d. h. mit regelmäßigem Wechsel von Hebung und Senkung, jambisch (also mit Auftakt), mit unterschiedlicher Reimbindung; der meist verwendete Verstyp des *Faust I* (mehr als ein Drittel aller Verse), der wegen seiner Anpassungs- und Wandlungsfähigkeit vielfältig brauchbar und besonders in Gesprächspassagen zu finden ist und zugleich als quasi neutrale Folie dient, von der andere, charakteristischere Versarten sich deutlich abheben
39 *Pfosten ... aufgeschlagen:* zu denken ist an eine Wanderbühne
41 *mit hohen Augenbrauen:* mit hochgezogenen Augenbrauen, d. h. skeptisch-abwartend
43 *versöhnt:* zufrieden stellt
48 *Bedeutung ... gefällig:* Das Stück soll bedeutend sein, also einen tieferen Sinn haben, und zugleich gefallen.
52 *Gnadenpforte:* ironisierender Gebrauch des Bibelworts von der „engen" Pforte, die „zum Leben", und der „weiten" Pforte, die „zur Verdammnis" führt. (Matth. 7, 13 f.)
53 *vieren:* vier Uhr nachmittags. Die Vorstellungen in Weimar begannen erst um halb sechs oder sechs Uhr.

Um ein Billet sich fast die Hälse bricht.
Dies Wunder wirkt auf so verschiedne Leute
Der Dichter nur; mein Freund, o tu es heute!

DICHTER. O sprich mir nicht von jener bunten Menge,
Bei deren Anblick uns der Geist entflieht. 60
Verhülle mir das wogende Gedränge,
Das wider Willen uns zum Strudel zieht.
Nein, führe mich zur stillen Himmelsenge,
Wo nur dem Dichter reine Freude blüht;
Wo Lieb und Freundschaft unsres Herzens Segen 65
Mit Götterhand erschaffen und erpflegen.

Ach! was in tiefer Brust uns da entsprungen,
Was sich die Lippe schüchtern vorgelallt,
Missraten jetzt und jetzt vielleicht gelungen,
Verschlingt des wilden Augenblicks Gewalt. 70
Oft, wenn es erst durch Jahre durchgedrungen,
Erscheint es in vollendeter Gestalt.
Was glänzt, ist für den Augenblick geboren,
Das Echte bleibt der Nachwelt unverloren.

LUSTIGE PERSON. Wenn ich nur nichts von Nachwelt hören sollte. 75
Gesetzt, dass ich von Nachwelt reden wollte,
Wer machte denn der Mitwelt Spaß?
Den will sie doch und soll ihn haben.
Die Gegenwart von einem braven Knaben
Ist, dächt ich, immer auch schon was. 80
Wer sich behaglich mitzuteilen weiß,
Den wird des Volkes Laune nicht erbittern;
Er wünscht sich einen großen Kreis
Um ihn gewisser zu erschüttern.
Drum seid nur brav und zeigt euch musterhaft, 85
Lasst Phantasie, mit allen ihren Chören,
Vernunft, Verstand, Empfindung, Leidenschaft,
Doch, merkt euch wohl! nicht ohne Narrheit hören.

59–74: Stanzen. Der Dichter spricht bei seinem ersten Auftreten in der Sprache der **Zueig-nung**; vgl. auch die Wiederholung von *Lieb und Freundschaft* (12 und 65).
66 *erpflegen*: durch Pflegen vergrößern
79 *braven Knaben*: ordentlichen, tüchtigen Burschen
85 *musterhaft*: meisterhaft

DIREKTOR. Besonders aber lasst genug geschehn!
Man kommt zu schaun, man will am liebsten sehn.   90
Wird vieles vor den Augen abgesponnen,
Sodass die Menge staunend gaffen kann,
Da habt Ihr in der Breite gleich gewonnen,
Ihr seid ein viel geliebter Mann.
Die Masse könnt Ihr nur durch Masse zwingen,   95
Ein jeder sucht sich endlich selbst was aus.
Wer vieles bringt, wird manchem etwas bringen
Und jeder geht zufrieden aus dem Haus.
Gebt Ihr ein Stück, so gebt es gleich in Stücken!
Solch ein Ragout, es muss Euch glücken;   100
Leicht ist es vorgelegt, so leicht als ausgedacht.
Was hilft's, wenn Ihr ein Ganzes dargebracht?
Das Publikum wird es Euch doch zerpflücken.
DICHTER. Ihr fühlet nicht, wie schlecht ein solches Handwerk sei!
Wie wenig das dem echten Künstler zieme!   105
Der saubern Herren Pfuscherei
Ist, merk ich, schon bei Euch Maxime.
DIREKTOR. Ein solcher Vorwurf lässt mich ungekränkt:
Ein Mann, der recht zu wirken denkt,
Muss auf das beste Werkzeug halten.   110
Bedenkt, Ihr habet weiches Holz zu spalten,
Und seht nur hin, für wen Ihr schreibt!
Wenn diesen Langeweile treibt,
Kommt jener satt vom übertischten Mahle
Und, was das Allerschlimmste bleibt,   115
Gar mancher kommt vom Lesen der Journale.
Man eilt zerstreut zu uns, wie zu den Maskenfesten
Und Neugier nur beflügelt jeden Schritt;
Die Damen geben sich und ihren Putz zum Besten
Und spielen ohne Gage mit.   120
Was träumet Ihr auf Eurer Dichterhöhe?
Was macht ein volles Haus Euch froh?
Beseht die Gönner in der Nähe!
Halb sind sie kalt, halb sind sie roh.

99 f. *in Stücken … Ragout*: in kleinen Stücken, zusammengestückt (Gegensatz zu 102)
102 *ein Ganzes*: ein in sich geschlossenes Stück
107 *Maxime*: Grundsatz
111 *weiches Holz*: eine sehr unterschiedliche, zerstreute Zuschauerschaft
114 *übertischten*: dessen Tisch mit Speisen überladen war

Der, nach dem Schauspiel, hofft ein Kartenspiel, 125
Der eine wilde Nacht an einer Dirne Busen.
Was plagt ihr armen Toren viel,
Zu solchem Zweck, die holden Musen?
Ich sag Euch, gebt nur mehr und immer, immer mehr,
So könnt Ihr Euch vom Ziele nie verirren. 130
Sucht nur die Menschen zu verwirren,
Sie zu befriedigen ist schwer – –
Was fällt Euch an? Entzückung oder Schmerzen?
DICHTER. Geh hin und such dir einen andern Knecht!
Der Dichter sollte wohl das höchste Recht, 135
Das Menschenrecht, das ihm Natur vergönnt,
Um deinetwillen freventlich verscherzen!
Wodurch bewegt er alle Herzen?
Wodurch besiegt er jedes Element?
Ist es der Einklang nicht, der aus dem Busen dringt 140
Und in sein Herz die Welt zurücke schlingt?
Wenn die Natur des Fadens ew'ge Länge,
Gleichgültig drehend, auf die Spindel zwingt,
Wenn aller Wesen unharmon'sche Menge
Verdrießlich durcheinanderklingt – 145
Wer teilt die fließend immer gleiche Reihe
Belebend ab, dass sie sich rhythmisch regt?
Wer ruft das Einzelne zur allgemeinen Weihe,
Wo es in herrlichen Akkorden schlägt?
Wer lässt den Sturm zu Leidenschaften wüten? 150
Das Abendrot im ernsten Sinne glühn?
Wer schüttet alle schönen Frühlingsblüten
Auf der Geliebten Pfade hin?
Wer flicht die unbedeutend grünen Blätter
Zum Ehrenkranz Verdiensten jeder Art? 155
Wer sichert den Olymp? vereinet Götter?
Des Menschen Kraft, im Dichter offenbart.
LUSTIGE PERSON. So braucht sie denn, die schönen Kräfte,
Und treibt die dichtrischen Geschäfte,
Wie man ein Liebesabenteuer treibt.
Zufällig naht man sich, man fühlt, man bleibt 160
Und nach und nach wird man verflochten;

131 *verwirren*: durch ein großes Angebot ablenken, betäuben
135 f. *höchste ... Menschenrecht*: Recht auf anspruchsvolles Schreiben
154 *unbedeutend ... Blätter*: Lorbeerblätter
156 *Olymp*: Aufstieg zum Sitz der Götter, zur Unsterblichkeit

Es wächst das Glück, dann wird es angefochten,
Man ist entzückt, nun kommt der Schmerz heran,
Und eh man sich's versieht, ist's eben ein Roman.   165
Lasst uns auch so ein Schauspiel geben!
Greift nur hinein ins volle Menschenleben!
Ein jeder lebt's, nicht vielen ist's bekannt,
Und wo ihr's packt, da ist's interessant.
In bunten Bildern wenig Klarheit,   170
Viel Irrtum und ein Fünkchen Wahrheit,
So wird der beste Trank gebraut,
Der alle Welt erquickt und auferbaut.
Dann sammelt sich der Jugend schönste Blüte
Vor eurem Spiel und lauscht der Offenbarung,   175
Dann sauget jedes zärtliche Gemüte
Aus eurem Werk sich melanchol'sche Nahrung,
Dann wird bald dies, bald jenes aufgeregt,
Ein jeder sieht, was er im Herzen trägt.
Noch sind sie gleich bereit zu weinen und zu lachen,   180
Sie ehren noch den Schwung, erfreuen sich am Schein;
Wer fertig ist, dem ist nichts recht zu machen;
Ein Werdender wird immer dankbar sein.
DICHTER. So gib mir auch die Zeiten wieder,
Da ich noch selbst im Werden war,   185
Da sich ein Quell gedrängter Lieder
Ununterbrochen neu gebar,
Da Nebel mir die Welt verhüllten,
Die Knospe Wunder noch versprach,
Da ich die tausend Blumen brach,   190
Die alle Täler reichlich füllten.
Ich hatte nichts und doch genug:
Den Drang nach Wahrheit und die Lust am Trug.
Gib ungebändigt jene Triebe,
Das tiefe, schmerzenvolle Glück,   195
Des Hasses Kraft, die Macht der Liebe,
Gib meine Jugend mir zurück!
LUSTIGE PERSON. Der Jugend, guter Freund, bedarfst du allenfalls,
Wenn dich in Schlachten Feinde drängen,

---

186 *gedrängter*: in dichter Folge hervorgebrachter
193 *Trug*: fiktive (erfundene) Wahrheit, nicht: Betrug

Wenn mit Gewalt an deinen Hals 200
Sich allerliebste Mädchen hängen,
Wenn fern des schnellen Laufes Kranz
Vom schwer erreichten Ziele winket,
Wenn nach dem heft'gen Wirbeltanz
Die Nächte schmausend man vertrinket. 205
Doch ins bekannte Saitenspiel
Mit Mut und Anmut einzugreifen,
Nach einem selbst gesteckten Ziel
Mit holdem Irren hinzuschweifen,
Das, alte Herrn, ist eure Pflicht 210
Und wir verehren euch darum nicht minder.
Das Alter macht nicht kindisch, wie man spricht,
Es findet uns nur noch als wahre Kinder.

DIREKTOR. Der Worte sind genug gewechselt,
Lasst mich auch endlich Taten sehn! 215
Indes ihr Komplimente drechselt,
Kann etwas Nützliches geschehn.
Was hilft es viel von Stimmung reden?
Dem Zaudernden erscheint sie nie.
Gebt ihr euch einmal für Poeten, 220
So kommandiert die Poesie.
Euch ist bekannt, was wir bedürfen,
Wir wollen stark Getränke schlürfen;
Nun braut mir unverzüglich dran!
Was heute nicht geschieht, ist morgen nicht getan, 225
Und keinen Tag soll man verpassen,
Das Mögliche soll der Entschluss
Beherzt sogleich beim Schopfe fassen,
Er will es dann nicht fahren lassen
Und wirket weiter, weil er muss. 230

Ihr wisst, auf unsern deutschen Bühnen
Probiert ein jeder, was er mag;
Drum schonet mir an diesem Tag

202 *Kranz*: der am Ziel aufgehängte Siegeskranz
209 *holdem Irren*: auf Ab- und Umwegen, in angenehmen Verwicklungen
213 *wahre Kinder*: allem Interessanten, Neuen unvoreingenommen aufgeschlossen
218 ff. *Stimmung ... kommandiert*: Es ist Aufgabe des Dichters, mit seinen Mitteln eine poeti-sche Stimmung zu erzeugen.
223 *stark Getränke*: eindrucksvolle, aufregende Stücke

Prospekte nicht und nicht Maschinen.
Gebraucht das groß' und kleine Himmelslicht,   235
Die Sterne dürfet ihr verschwenden;
An Wasser, Feuer, Felsenwänden,
An Tier und Vögeln fehlt es nicht.
So schreitet in dem engen Bretterhaus
Den ganzen Kreis der Schöpfung aus   240
Und wandelt mit bedächt'ger Schnelle
Vom Himmel durch die Welt zur Hölle.

234 *Prospekte*: gemalte Hintergrunddekorationen
    Maschinen: erzeugen auf der Bühne Naturillusionen (Wind, Donner, Nebel usw.)
235 *groß'... Himmelslicht*: Bühnenrequisiten für Sonne und Mond
239 *Bretterhaus*: Theater
242 *Himmel... Hölle*: wohl als Erläuterung zu *ganzen Kreis der Schöpfung* (240) zu verstehen;
entspricht (allenfalls) dem Konzept älterer Bearbeitungen des *Faust*-Stoffes, nicht mehr – ob-
gleich von Goethe einmal so geäußert – dem Gang der Handlung seines eigenen *Faust*-Dramas

PROLOG IM HIMMEL

DER HERR. DIE HIMMLISCHEN HEERSCHAREN. Nachher MEPHISTOPHELES.
DIE DREI ERZENGEL treten vor.

RAPHAEL. Die Sonne tönt nach alter Weise
In Brudersphären Wettgesang
Und ihre vorgeschriebne Reise   245
Vollendet sie mit Donnergang.
Ihr Anblick gibt den Engeln Stärke,
Wenn keiner sie ergründen mag;
Die unbegreiflich hohen Werke
Sind herrlich wie am ersten Tag.   250
GABRIEL. Und schnell und unbegreiflich schnelle
Dreht sich umher der Erde Pracht;
Es wechselt Paradieseshelle
Mit tiefer, schauervoller Nacht;
Es schäumt das Meer in breiten Flüssen   255
Am tiefen Grund der Felsen auf
Und Fels und Meer wird fortgerissen
In ewig schnellem Sphärenlauf.
MICHAEL. Und Stürme brausen um die Wette,
Vom Meer aufs Land, vom Land aufs Meer   260
Und bilden wütend eine Kette
Der tiefsten Wirkung ringsumher.
Da flammt ein blitzendes Verheeren
Dem Pfade vor des Donnerschlags;

Prolog im Himmel: Vorspruch, -spiel, entstanden wohl um 1800, vermutlich aber bereits in
Goethes frühestem Entwurf konzipiert
vor 243 *Der Herr*: Wie das Buch Hiob, 1,6–12, aus dem Goethe motivische und strukturelle
Anregungen bezog, nennt er seine Figur nicht „Gott".
    Mephistopheles: Name in dieser oder ähnlicher Form bereits in Faustbüchern, Puppen-
oder Wanderbühnenspielen vorhanden. Herleitungen aus dem Griechischen („der das Licht/
den Faust nicht liebt") oder Hebräischen („Zerstörer, Verderber, Lügner") sind sprachlich
unsicher.
243–71 ff.: feierlich-langsame, alternierende jambische Vierheber
243 ff. *Sonne …Donnergang*: Nach Auffassung der Pythagoreer, eines griechischen Philo-
sophenbundes seit dem 6. Jh. v. Chr., umkreisen zehn Himmelskörper, unter ihnen Sonne und
Erde, auf ähnlichen Bahnen *(Brudersphären)* ein „Zentralfeuer". Dabei entsteht ein musikali-
schen Akkorden gleiches, gewaltiges Geräusch (Sphärenharmonie), das dem menschlichen
Gehör aber nicht wahrnehmbar ist.
248 *wenn*: wenn auch; da (268)
263 f. *flammt … Donnerschlags*: Der verheerende Blitz *flammt* dem *Pfade … des Donnerschlags*
vor, er ist zu sehen, ehe der Donner zu hören ist.

Doch deine Boten, Herr, verehren 265
Das sanfte Wandeln deines Tags.
ZU DREI. Der Anblick gibt den Engeln Stärke,
Da keiner dich ergründen mag
Und alle deine hohen Werke
Sind herrlich wie am ersten Tag. 270
MEPHISTOPHELES. Da du, o Herr, dich einmal wieder nahst
Und fragst, wie alles sich bei uns befinde,
Und du mich sonst gewöhnlich gerne sahst,
So siehst du mich auch unter dem Gesinde.
Verzeih, ich kann nicht hohe Worte machen 275
Und wenn mich auch der ganze Kreis verhöhnt;
Mein Pathos brächte dich gewiss zum Lachen,
Hättst du dir nicht das Lachen abgewöhnt.
Von Sonn' und Welten weiß ich nichts zu sagen,
Ich sehe nur, wie sich die Menschen plagen. 280
Der kleine Gott der Welt bleibt stets von gleichem Schlag
Und ist so wunderlich als wie am ersten Tag.
Ein wenig besser würd er leben,
Hättst du ihm nicht den Schein des Himmelslichts gegeben;
Er nennt's Vernunft und braucht's allein, 285
Nur tierischer als jedes Tier zu sein.
Er scheint mir, mit Verlaub von Euer Gnaden,
Wie eine der langbeinigen Zikaden,
Die immer fliegt und fliegend springt
Und gleich im Gras ihr altes Liedchen singt; 290
Und läg er nur noch immer in dem Grase!
In jeden Quark begräbt er seine Nase.
DER HERR. Hast du mir weiter nichts zu sagen?
Kommst du nur immer anzuklagen?
Ist auf der Erde ewig dir nichts recht? 295
MEPHISTOPHELES. Nein, Herr! ich find es dort, wie immer, herzlich schlecht.

271 ff. zunächst noch, der Sprache der Engel angepasst, regelmäßige jambische Fünfheber, ab
281 bis 353 Madrigalverse, Mephistos eigentliche Sprache, zu der hier auch *der Herr* sich herab-
lässt
274 *Gesinde*: Hofstaat, Dienerschaft
281 *kleine ... Welt*: der Mensch (vgl. Leibniz: „ein kleiner Gott in seiner eigenen Welt")
282 *wunderlich*: vgl. dagegen *herrlich* (250, 270)
287 *Euer Gnaden*: Anrede für hohe weltliche und geistliche Würdenträger, später auch für nie-
dere Adlige; insofern hier mit ironischem Unterton
288 ff. *Zikaden ... singt*: Das Bild der Zikade, die – mit Flügeln und springfähigen Hinterbeinen
– sich in hohen Sprüngen von der Erde erheben kann, wegen ihres schweren, plumpen Körpers
aber *gleich* ins *Gras* zurückfällt, veranschaulicht die Problematik Fausts und des Menschen überhaupt, seine Erdgebundenheit trotz seines *Geistes Flügeln* (vgl. 1090 f.).

Die Menschen dauern mich in ihren Jammertagen,
Ich mag sogar die Armen selbst nicht plagen.

DER HERR. Kennst du den Faust?

MEPHISTOPHELES.   Den Doktor?

DER HERR.   Meinen Knecht!

MEPHISTOPHELES. Fürwahr! er dient Euch auf besondre Weise.   300
Nicht irdisch ist des Toren Trank noch Speise.
Ihn treibt die Gärung in die Ferne,
Er ist sich seiner Tollheit halb bewusst;
Vom Himmel fordert er die schönsten Sterne
Und von der Erde jede höchste Lust,   305
Und alle Näh und alle Ferne
Befriedigt nicht die tief bewegte Brust.

DER HERR. Wenn er mir jetzt auch nur verworren dient,
So werd ich ihn bald in die Klarheit führen.
Weiß doch der Gärtner, wenn das Bäumchen grünt,   310
Dass Blüt und Frucht die künft'gen Jahre zieren.

MEPHISTOPHELES. Was wettet Ihr? den sollt Ihr noch verlieren,
Wenn Ihr mir die Erlaubnis gebt
Ihn meine Straße sacht zu führen!

DER HERR. Solang er auf der Erde lebt,   315
Solange sei dir's nicht verboten.
Es irrt der Mensch, solang er strebt.

MEPHISTOPHELES. Da dank ich Euch; denn mit den Toten
Hab ich mich niemals gern befangen.
Am meisten lieb ich mir die vollen, frischen Wangen.   320
Für einen Leichnam bin ich nicht zu Haus;
Mir geht es wie der Katze mit der Maus.

DER HERR. Nun gut, es sei dir überlassen!
Zieh diesen Geist von seinem Urquell ab
Und führ ihn, kannst du ihn erfassen,   325
Auf deinem Wege mit herab
Und steh beschämt, wenn du bekennen musst:

---

299 *Knecht*: auch im Buch Hiob nennt *der Herr* Hiob seinen Knecht (vgl. Anm. zu *Der Herr*, vor 243)

317 *Es irrt ... strebt*: Das unstillbare Verlangen des Menschen, sein ihm angeborenes Bemühen etwas vom Vorhandenen Abweichendes (etwas Höheres, Besseres, Schöneres) zu erreichen, schließt immer – konstitutiv – den Irrtum ein.

319 *befangen*: befasst

323 *es*: die Art des Vorgehens (nicht: *er*)

324 *Urquell*: Streben (vgl. Anm. zu 317)

325 *erfassen*: ergreifen, aber auch begreifen

Ein guter Mensch in seinem dunklen Drange
Ist sich des rechten Weges wohl bewusst.
MEPHISTOPHELES. Schon gut! nur dauert es nicht lange.   330
Mir ist für meine Wette gar nicht bange.
Wenn ich zu meinem Zweck gelange,
Erlaubt Ihr mir Triumph aus voller Brust.
Staub soll er fressen und mit Lust,
Wie meine Muhme, die berühmte Schlange.   335
DER HERR. Du darfst auch da nur frei erscheinen;
Ich habe deinesgleichen nie gehasst.
Von allen Geistern, die verneinen,
Ist mir der Schalk am wenigsten zur Last.
Des Menschen Tätigkeit kann allzu leicht erschlaffen,   340
Er liebt sich bald die unbedingte Ruh;
Drum geb ich gern ihm den Gesellen zu,
Der reizt und wirkt und muss, als Teufel, schaffen.
Doch ihr, die echten Göttersöhne,
Erfreut euch der lebendig reichen Schöne!   345
Das Werdende, das ewig wirkt und lebt,
Umfass' euch mit der Liebe holden Schranken,
Und was in schwankender Erscheinung schwebt,
Befestiget mit dauernden Gedanken.
Der Himmel schließt, die Erzengel verteilen sich.
MEPHISTOPHELES *allein.* Von Zeit zu Zeit seh ich den Alten gern   350
Und hüte mich, mit ihm zu brechen.
Es ist gar hübsch von einem großen Herrn,
So menschlich mit dem Teufel selbst zu sprechen.

---

334 f. *Staub ... Schlange:* vgl 1. Mose 3, 14, wo Gott die Schlange, die Eva zum Sündenfall verführt hat, verflucht: „Auf deinem Bauch sollst du gehen und Erde essen dein Leben lang."
335 *Muhme:* Tante, (Seiten-)Verwandte
336 *darfst ... erscheinen:* darfst dich auch dabei (in deinem Vorgehen) ganz frei fühlen
339 *Schalk:* „eine Person, die mit Heiterkeit und Schadenfreude jemand einen Possen spielt" (Goethe), aber auch jemand, der „beharrlich verneint"; Kennwort für Mephisto, den *Geist, der stets verneint* (1338)
341 *unbedingte:* uneingeschränkte
344 *echten Göttersöhne:* Gegensatz zu den gefallenen, von Gott in die Tiefe verbannten Engeln, zu denen Mephisto gehört
345 *Schöne:* Schönheit
347 *Schranken:* Liebe bedeutet auch Einschränkung, Beschränkung auf den geliebten Gegenstand.
348 *schwankender Erscheinung:* in dauernder Bewegung, Gestaltung/Umgestaltung

DER TRAGÖDIE ERSTER TEIL

NACHT

In einem hoch gewölbten, engen gotischen Zimmer
FAUST unruhig auf seinem Sessel am Pulte.

FAUST. Habe nun, ach! Philosophie,
    Juristerei und Medizin 355
    Und leider auch Theologie
    Durchaus studiert, mit heißem Bemühn.
    Da steh ich nun, ich armer Tor!
    Und bin so klug als wie zuvor;
    Heiße Magister, heiße Doktor gar 360
    Und ziehe schon an die zehen Jahr
    Herauf, herab und quer und krumm
    Meine Schüler an der Nase herum –
    Und sehe, dass wir nichts wissen können!
    Das will mir schier das Herz verbrennen. 365
    Zwar bin ich gescheiter als alle die Laffen,
    Doktoren, Magister, Schreiber und Pfaffen;
    Mich plagen keine Skrupel noch Zweifel,
    Fürchte mich weder vor Hölle noch Teufel –
    Dafür ist mir auch alle Freud entrissen, 370
    Bilde mir nicht ein, was Rechts zu wissen,
    Bilde mir nicht ein, ich könnte was lehren,
    Die Menschen zu bessern und zu bekehren.
    Auch hab ich weder Gut noch Geld,
    Noch Ehr und Herrlichkeit der Welt; 375
    Es möchte kein Hund so länger leben!

Nacht: gehört bis 605 zum Textbestand des *Urfaust*
vor 354 *gotisch*: hier negativ: altertümlich, mittelalterlich, vollgestopft, beklemmend
354–85: Knittelverse, d. h. 4-hebige, kreuz- oder paarweise reimende Verse mit unregelmäßiger Taktfüllung (keine bis drei Senkungen), ohne oder mit zum Teil mehrsilbigem Auftakt; im 16. Jh. verbreitet, z. B. bei Hans Sachs
354 ff. *Philosophie ... Theologie*: die vier Fakultäten der mittel- und nachmittelalterlichen Universität, aufsteigend in der Reihenfolge ihres Ansehens – als höchste galt die Theologie –, d. h. zugleich die Gesamtheit des seinerzeit verfügbaren Schulwissens umreißend; ↑ Glossar: Scholastik
366 *Laffen*: unreife, eitle, alberne Menschen
367 *Doktoren ... Pfaffen*: witzig-ironische Wirkung durch die Antiklimax, d. h., die Reihung beginnt mit dem höchsten wissenschaftlichen Titel und hebt *Pfaffen* durch die Endstellung besonders negativ hervor

Drum hab ich mich der Magie ergeben,
Ob mir durch Geistes Kraft und Mund
Nicht manch Geheimnis würde kund;
Dass ich nicht mehr, mit sauerm Schweiß,   380
Zu sagen brauche, was ich nicht weiß;
Dass ich erkenne, was die Welt
Im Innersten zusammenhält,
Schau alle Wirkenskraft und Samen
Und tu nicht mehr in Worten kramen.   385

O sähst du, voller Mondenschein,
Zum letzten Mal auf meine Pein,
Den ich so manche Mitternacht
An diesem Pult herangewacht:
Dann über Büchern und Papier,   390
Trübsel'ger Freund, erschienst du mir!
Ach! könnt ich doch auf Bergeshöhn
In deinem lieben Lichte gehn,
Um Bergeshöhle mit Geistern schweben,
Auf Wiesen in deinem Dämmer weben,   395
Von allem Wissensqualm entladen
In deinem Tau gesund mich baden!

Weh! steck ich in dem Kerker noch?
Verfluchtes dumpfes Mauerloch,
Wo selbst das liebe Himmelslicht   400
Trüb durch gemalte Scheiben bricht!
Beschränkt von diesem Bücherhauf,
Den Würme nagen, Staub bedeckt,

---

377 *Magie:* ↑ Glossar
382 ff. *erkenne ... Schau:* erkennen ist hier nicht als analytischer, auf dem Zusammenfügen von
Einzelerkenntnissen basierender Prozess, sondern als ganzheitliches Erfassen des Weltzusam-
menhangs im Anschauen gemeint.
384 *Wirkenskraft ... Samen:* pansophisch-alchemistische Begriffe für Leben schaffende Urkraft,
Urstoffe im Gegensatz zu *Worten* (385)
386–429: Übergang vom unregelmäßig gefüllten Knittelvers zu regelmäßigen, alternierenden
Vierhebern
391 *Trübsel'ger:* Durch die bunten Scheiben des „gotischen" Fensters wird das Mondlicht ge-
trübt.
395 *Dämmer:* Dämmerlicht, -schein
396 *Wissensqualm:* Nebel, Unklarheit, entstanden durch die Wissensanhäufung
400 *Himmelslicht:* Sonnenlicht
401 *Trüb ... bricht!:* vgl. Anm. zu 391

Den, bis ans hohe Gewölb hinauf,
Ein angeraucht Papier umsteckt; 405
Mit Gläsern, Büchsen rings umstellt,
Mit Instrumenten vollgepfropft,
Urväter Hausrat drein gestopft –
Das ist deine Welt! das heißt eine Welt!

Und fragst du noch, warum dein Herz 410
Sich bang in deinem Busen klemmt?
Warum ein unerklärter Schmerz
Dir alle Lebensregung hemmt?
Statt der lebendigen Natur,
Da Gott die Menschen schuf hinein, 415
Umgibt in Rauch und Moder nur
Dich Tiergeripp und Totenbein.

Flieh! auf! hinaus ins weite Land!
Und dies geheimnisvolle Buch,
Von Nostradamus' eigner Hand, 420
Ist dir es nicht Geleit genug?
Erkennest dann der Sterne Lauf,
Und wenn Natur dich unterweist,
Dann geht die Seelenkraft dir auf,
Wie spricht ein Geist zum andern Geist. 425
Umsonst, dass trocknes Sinnen hier
Die heil'gen Zeichen dir erklärt.
Ihr schwebt, ihr Geister, neben mir;
Antwortet mir, wenn ihr mich hört!
Er schlägt das Buch auf und erblickt das Zeichen des Makrokosmus.
Ha! welche Wonne fließt in diesem Blick 430
Auf einmal mir durch alle meine Sinnen!

405 *angeraucht*: durch den Rauch der Lampe geschwärzt (vgl. 678 f.)
417 *Totenbein:* Totenknochen
420 *Nostradamus*: Der Name des frz. Arztes, Naturforschers und Astrologen Michel de Notre-
dame (1503–66) wird hier wohl eher seines – bis heute – magischen Klanges wegen verwendet.
Der historische Faust (1480–1540) konnte dessen 1555 erschienene Prophezeiungen, die großes
Aufsehen erregten, nicht kennen (allenfalls als Handschrift: *von Nostradamus' eigner Hand*?).
Goethe wurde durch pansophische (↑ Glossar) Vorstellungen angeregt.
425 *Wie spricht ... Geist: spricht* wohl des Metrums wegen vorgezogen, gehört syntaktisch ans
Ende des Verses
vor 430 *Makrokosmos*: ↑ Glossar
430–467: Madrigalverse

Ich fühle junges, heil'ges Lebensglück
Neu glühend mir durch Nerv' und Adern rinnen.
War es ein Gott, der diese Zeichen schrieb,
Die mir das innre Toben stillen,   435
Das arme Herz mit Freude füllen
Und mit geheimnisvollem Trieb
Die Kräfte der Natur rings um mich her enthüllen?
Bin ich ein Gott? Mir wird so licht!
Ich schau in diesen reinen Zügen   440
Die wirkende Natur vor meiner Seele liegen.
Jetzt erst erkenn ich, was der Weise spricht:
„Die Geisterwelt ist nicht verschlossen;
Dein Sinn ist zu, dein Herz ist tot!
Auf, bade, Schüler, unverdrossen   445
Die ird'sche Brust im Morgenrot!"
Er beschaut das Zeichen.
Wie alles sich zum Ganzen webt,
Eins in dem andern wirkt und lebt!
Wie Himmelskräfte auf und nieder steigen
Und sich die goldnen Eimer reichen!   450
Mit segenduftenden Schwingen
Vom Himmel durch die Erde dringen,
Harmonisch all das All durchklingen!

Welch Schauspiel! Aber ach! ein Schauspiel nur!
Wo fass ich dich, unendliche Natur?   455
Euch Brüste, wo? Ihr Quellen alles Lebens,
An denen Himmel und Erde hängt,
Dahin die welke Brust sich drängt –
Ihr quellt, ihr tränkt und schmacht ich so vergebens?
Er schlägt unwillig das Buch um und erblickt das Zeichen des Erdgeistes.
Wie anders wirkt dies Zeichen auf mich ein!   460
Du, Geist der Erde, bist mir näher;
Schon fühl ich meine Kräfte höher,
Schon glüh ich wie von neuem Wein,

---

442 ff. *der Weise … Morgenrot!*: Der Text legt den Rückbezug auf *Nostradamus* (420) nahe,
doch wie dort bezieht sich Goethe wohl nicht auf einen bestimmten Autor, dessen Spruch er
(443 – 46) zitiert, sondern fasst hier wie in der gesamten Passage neuplatonische, pansophische,
theosophische Vorstellungen aus drei Jahrhunderten zusammen, die er aus vielerlei Quellen
kannte (z. B. Böhme, Paracelsus, Swedenborg).
454 *ein Schauspiel nur!*: Faust erblickt nur das Zeichen des *Makrokosmos*, nicht das All, die
Natur selbst.
vor 460 *Erdgeist*: ↑ Glossar

Ich fühle Mut mich in die Welt zu wagen,
Der Erde Weh, der Erde Glück zu tragen,   465
Mit Stürmen mich herumzuschlagen
Und in des Schiffbruchs Knirschen nicht zu zagen.
Es wölkt sich über mir –
Der Mond verbirgt sein Licht –
Die Lampe schwindet!   470
Es dampft! – Es zucken rote Strahlen
Mir um das Haupt – Es weht
Ein Schauer vom Gewölb herab
Und fasst mich an!
Ich fühl's, du schwebst um mich, erflehter Geist.   475
Enthülle dich!
Ha! wie's in meinem Herzen reißt!
Zu neuen Gefühlen
All meine Sinnen sich erwühlen!
Ich fühle ganz mein Herz dir hingegeben!   480
Du musst! du musst! und kostet' es mein Leben!

Er fasst das Buch und spricht das Zeichen des Geistes geheimnisvoll aus.
Es zuckt eine rötliche Flamme, der GEIST erscheint in der Flamme.

GEIST. Wer ruft mir?
FAUST *abgewendet.* Schreckliches Gesicht!
GEIST. Du hast mich mächtig angezogen,
An meiner Sphäre lang gesogen
Und nun –
FAUST.   Weh! ich ertrag dich nicht!   485
GEIST. Du flehst eratmend mich zu schauen,
Meine Stimme zu hören, mein Antlitz zu sehn;
Mich neigt dein mächtig Seelenflehn,
Da bin ich! – Welch erbärmlich Grauen

---

464 ff. *wagen … zagen*: die viermalige Verwendung desselben Reims unterstreicht Fausts Tat-Entschlossenheit
468 – 79: freie Rhythmen: unregelmäßige Taktfüllung (wie Knittelverse, vgl. Anm. 354), wechselnde Verslänge (2 – 5 Hebungen), anfangs ohne Reimbindung; am Schluss der Erdgeist-Beschwörung Rückkehr zu alternierenden Madrigalversen
482 *mir*: mich; Dativ statt Akkusativ, auch bei anderen Autoren der Zeit zu finden
      Gesicht: hier: Vision. Es ist die gewaltige Erscheinung, die Faust erschreckt, nicht des Geistes Antlitz (siehe die Goethe-Zeichnung).
484 *Sphäre… gesogen*: Durch intensives Atmen (*eratmend*) erzeugt Faust eine Art Sog, der die Sphäre (Hülle, Bereich) des *Erdgeists* erfasst.
486 *eratmend*: mit intensiven, angespannten Atemzügen „herbeiatmend"
488 *neigt*: bewegt …, mich herabzuneigen

28

fasst Übermenschen dich! Wo ist der Seele Ruf?   490
Wo ist die Brust, die eine Welt in sich erschuf
Und trug und hegte, die mit Freudebeben
Erschwoll, sich uns, den Geistern, gleich zu heben?
Wo bist du, Faust, des Stimme mir erklang,
Der sich an mich mit allen Kräften drang?   495
Bist du es, der, von meinem Hauch umwittert,
In allen Lebenstiefen zittert,
Ein furchtsam weggekrümmter Wurm?
FAUST. Soll ich dir, Flammenbildung, weichen?
Ich bin's, bin Faust, bin deinesgleichen!   500
GEIST. In Lebensfluten, im Tatensturm
　　Wall ich auf und ab,
　　Webe hin und her!
　　Geburt und Grab,
　　Ein ewiges Meer,   505
　　Ein wechselnd Weben,
　　Ein glühend Leben,
　　So schaff ich am sausenden Webstuhl der Zeit
　　Und wirke der Gottheit lebendiges Kleid.
FAUST. Der du die weite Welt umschweifst,   510
　　Geschäftiger Geist, wie nah fühl ich mich dir!
GEIST. Du gleichst dem Geist, den du begreifst,
　　Nicht mir! *Verschwindet.*
FAUST *zusammenstürzend.* Nicht dir?
　　Wem denn?   515
　　Ich Ebenbild der Gottheit!
　　Und nicht einmal dir! *Es klopft.*

490 *Übermenschen*: hier: ironisch die Selbstüberhebung Fausts verspottend
501–17: freie Rhythmen (vgl. Anm. zu 468)
508 f. *Webstuhl ... Kleid*: Bild aus der Technik des Handwebstuhls: Mit dem Fuß bewegt der
Weber die längs gespannten Fäden auf und ab, mit der Hand schiebt er das Schiffchen mit den
Querfäden hindurch und *wirkt* so den Stoff, das *Kleid* (vgl. Anm. zu 1923 ff.).
509 *der Gottheit lebendiges Kleid*: die Natur, die schon im Altertum und bis ins 18. Jh. (so von
Swedenborg, einem schwedischen Geisterseher) als *Kleid* Gottes aufgefasst wurde
512 *Du gleichst ... begreifst*: Faust *begreift* den Erdgeist – wie er im Moment noch sich selbst
sieht – als *umherschweifend, geschäftig,* erfasst nicht sein schöpferisches Wirken (↑ Glossar).
513 f. *Nicht mir! Nicht dir?*: Die auf *eine* Hebung reduzierte Verslänge sowie die Wiederholung
der Kurzverse drücken auch metrisch die schroffe Zurückweisung Fausts durch den Erdgeist
und Fausts Zusammenbruch aus.
516 *Ebenbild der Gottheit*: nach 1. Mose 1, 27 schuf Gott „den Menschen ihm (=sich) zum Bil-
de", vgl. auch *Der kleine Gott der Welt* (281)

29

O Tod! ich kenn's – das ist mein Famulus –
Es wird mein schönstes Glück zunichte!
Dass diese Fülle der Gesichte   520
Der trockne Schleicher stören muss!
WAGNER *im Schlafrocke und der Nachtmütze, eine Lampe in der Hand.*
FAUST *wendet sich unwillig.*
WAGNER. Verzeiht! ich hör Euch deklamieren;
Ihr last gewiss ein griechisch Trauerspiel?
In dieser Kunst möcht ich was profitieren,
Denn heutzutage wirkt das viel.   525
Ich hab es öfters rühmen hören,
Ein Komödiant könnt einen Pfarrer lehren.
FAUST. Ja, wenn der Pfarrer ein Komödiant ist;
Wie das denn wohl zuzeiten kommen mag.
WAGNER. Ach! wenn man so in sein Museum gebannt ist   530
Und sieht die Welt kaum einen Feiertag,
Kaum durch ein Fernglas, nur von weiten,
Wie soll man sie durch Überredung leiten?
FAUST. Wenn ihr's nicht fühlt, ihr werdet's nicht erjagen,
Wenn es nicht aus der Seele dringt   535
Und mit urkräftigem Behagen
Die Herzen aller Hörer zwingt.
Sitzt ihr nur immer! Leimt zusammen,

---

518 *Famulus*: Student, der einem Professor Hilfsdienste erweist und dafür freie Wohnung und andere Rechte genießt

519 f. *schönstes Glück ... Fülle der Gesichte*: Trotz der Zurückweisung empfindet es Faust als Glück, dass er den Erdgeist hat beschwören, in einer Vision hat erblicken können.

522 *Wagner*: Gegenfigur zu Faust: dieser – in seiner ganzheitlichen, Denken und Fühlen vereinenden Welterfassung – Repräsentant der pansophisch-naturmystischen Tradition und zugleich der moderne Mensch der Neuzeit. Wagner hingegen die Karikatur eines Vertreters der humanistisch-rhetorischen Tradition; in seinen Worten vermischt sich mittelalterliches Autoritätsdenken mit dem ironisch verspotteten Glauben an die Allwirksamkeit antiker Rhetorik; ihm ist die Welt nur rational begreifbar: als „helles kaltes wissenschaftliches Streben" charakterisiert Goethe ihn (1. Paralipomenon, etwa 1800); vgl. dagegen den Schüler 1898 ff.

527 *Komödiant ... Pfarrer*: Goethe wandte sich 1773 scharf gegen die Forderung eines aufgeklärten Theologen, Pfarrer durch Schauspieler in der Kunst des Predigens unterrichten zu lassen.

528 *Ja, wenn ... Komödiant ist*: Das „holprige" Metrum drückt Fausts Ablehnung deutlich aus.

530 *Museum*: Studierstube, Arbeitszimmer der Humanisten und Barockgelehrten

533 *Überredung*: rhetorischer Kunstgriff; lat. persuasio, ein zentraler Begriff der Rhetorik, unterscheidet nicht zwischen Überredung und Überzeugung

534 ff. *Wenn ihr's ... von Herzen geht*: Gegen Wagners ganz äußerlich-formale Redekunst setzt Faust (als Vertreter der Genieästhetik des Sturm und Drang) die von innen, *aus der Seele* und dem *Herzen* kommende Überzeugungskraft, mittels deren der „Sprechende" die „Sache" durch seine „Sprache" (vgl. das unbestimmte *es* in 534 f., 545) dem „Hörer" vermittelt.

Braut ein Ragout von andrer Schmaus
Und blast die kümmerlichen Flammen   540
Aus eurem Aschenhäufchen raus!
Bewundrung von Kindern und Affen,
Wenn euch darnach der Gaumen steht –
Doch werdet ihr nie Herz zu Herzen schaffen,
Wenn es euch nicht von Herzen geht.   545
WAGNER. Allein der Vortrag macht des Redners Glück;
Ich fühl es wohl, noch bin ich weit zurück.
FAUST. Such Er den redlichen Gewinn!
Sei Er kein schellenlauter Tor!
Es trägt Verstand und rechter Sinn   550
Mit wenig Kunst sich selber vor;
Und wenn's euch ernst ist, was zu sagen,
Ist's nötig, Worten nachzujagen?
Ja, eure Reden, die so blinkend sind,
In denen ihr der Menschheit Schnitzel kräuselt,   555
Sind unerquicklich wie der Nebelwind,
Der herbstlich durch die dürren Blätter säuselt!
WAGNER. Ach Gott! die Kunst ist lang!
Und kurz ist unser Leben.
Mir wird, bei meinem kritischen Bestreben,   560
Doch oft um Kopf und Busen bang.
Wie schwer sind nicht die Mittel zu erwerben,

539 *Ragout*: Gericht aus Resten anderer Speisen; hier als Bild verwendet für das „Gebräu" unfähiger Redner – gemeint ist wohl nicht nur Wagner –, die, formal den Regeln der Logik folgend, Beispiele, Zitate, Redewendungen aus unterschiedlichen Texten zusammen*leimen*.
549 *schellenlauter Tor*: Narr, dessen mit Glöckchen (Schellen) besetzte Schellenkappe bei jeder Bewegung sinnlos klingelt; vgl. auch 1. Korinther 13,1: *klingende Schelle*
555 *Schnitzel kräuselt*: Ausschnitte, Abfälle aus anderen Texten (vgl. Anm. zu 539) (wie mit der Lockenschere) zurichtet, schnörkelt, um so die *Reden* aufzuputzen, damit sie rhetorisch kunstvoll *blinken*.
558 f. *Kunst … Leben*: Wagner protzt mit seiner gelehrten Bildung durch die Anspielung auf Hippokrates' Aphorismus „Ars longa, vita brevis".
560 *kritischen Bestreben*: textkritische, d. h. philologisch-wissenschaftliche Beschäftigung mit den antiken Schriften, den *Quellen*
562 *Mittel*: intellektuelle (wie Sprachkenntnisse, Interpretationsfähigkeit) und wohl auch materielle, denn *Pergamente*, die Schriften der Alten, sind kostbar, schwer erreichbar

Durch die man zu den Quellen steigt!
Und eh man nur den halben Weg erreicht,
Muss wohl ein armer Teufel sterben.   565
FAUST. Das Pergament, ist das der heil'ge Bronnen,
Woraus ein Trunk den Durst auf ewig stillt?
Erquickung hast du nicht gewonnen,
Wenn sie dir nicht aus eigner Seele quillt.
WAGNER. Verzeiht! es ist ein groß Ergetzen,   570
Sich in den Geist der Zeiten zu versetzen;
Zu schauen, wie vor uns ein weiser Mann gedacht
Und wie wir's dann zuletzt so herrlich weit gebracht.
FAUST. O ja, bis an die Sterne weit!
Mein Freund, die Zeiten der Vergangenheit   575
Sind uns ein Buch mit sieben Siegeln;
Was ihr den Geist der Zeiten heißt,
Das ist im Grund der Herren eigner Geist,
In dem die Zeiten sich bespiegeln.
Da ist's denn wahrlich oft ein Jammer!   580
Man läuft euch bei dem ersten Blick davon.
Ein Kehrichtfass und eine Rumpelkammer
Und höchstens eine Haupt- und Staatsaktion
Mit trefflichen pragmatischen Maximen,
Wie sie den Puppen wohl im Munde ziemen!   585
WAGNER. Allein die Welt! des Menschen Herz und Geist!
Möcht jeglicher doch was davon erkennen.
FAUST. Ja, was man so erkennen heißt!
Wer darf das Kind beim rechten Namen nennen?
Die wenigen, die was davon erkannt,   590
Die töricht gnug ihr volles Herz nicht wahrten,
Dem Pöbel ihr Gefühl, ihr Schauen offenbarten,
Hat man von je gekreuzigt und verbrannt.

---

563 *zu den Quellen:* „ad fontes", wie es die Renaissancegelehrten forderten, d. h. zu den Texten
der antiken Schriftsteller; vgl. dagegen Fausts ganz anderes Verständnis, der von *Quellen alles
Lebens* (456; ähnlich 1201) spricht und gerade nicht die alten, auf *Pergament* (566) geschriebenen
Schriften meint
576 *Buch mit sieben Siegeln:* ein verschlossenes Buch; vgl. Offenbarung Joh. 5,1
583 *Haupt- und Staatsaktion:* Geschick von Fürsten und Staaten in den ebenso genannten Stücken der barocken Wanderbühnen
584 *pragmatischen Maximen:* allgemeinen, moralisierenden, sentenzartigen Grundsätzen
585 *Puppen:* typisierte Figuren der Wanderbühnen, Puppen der Marionettentheater
587 *erkennen:* Die dreifache Verwendung des Wortes erkennen (587 f., 590) macht auf den Gegensatz von äußerem Wortverständnis und innerlich begreifendem Erkennen aufmerksam

32

Ich bitt Euch, Freund, es ist tief in der Nacht,
Wir müssen's diesmal unterbrechen. 595
WAGNER. Ich hätte gern nur immer fortgewacht,
Um so gelehrt mit Euch mich zu besprechen.
Doch morgen, als am ersten Ostertage,
Erlaubt mir ein' und andre Frage.
Mit Eifer hab ich mich der Studien beflissen; 600
Zwar weiß ich viel, doch möcht ich alles wissen. *Ab.*
FAUST *allein.* Wie nur dem Kopf nicht alle Hoffnung schwindet,
Der immerfort an schalem Zeuge klebt,
Mit gier'ger Hand nach Schätzen gräbt
Und froh ist, wenn er Regenwürmer findet! 605

Darf eine solche Menschenstimme hier,
Wo Geisterfülle mich umgab, ertönen?
Doch ach! für diesmal dank ich dir,
Dem ärmlichsten von allen Erdensöhnen.
Du rissest mich von der Verzweiflung los, 610
Die mir die Sinne schon zerstören wollte.
Ach! die Erscheinung war so riesengroß,
Dass ich mich recht als Zwerg empfinden sollte.

Ich, Ebenbild der Gottheit, das sich schon
Ganz nah gedünkt dem Spiegel ew'ger Wahrheit, 615
Sein selbst genoss in Himmelsglanz und Klarheit
Und abgestreift den Erdensohn;
Ich, mehr als Cherub, dessen freie Kraft
Schon durch die Adern der Natur zu fließen
Und, schaffend, Götterleben zu genießen 620
Sich ahnungsvoll vermaß, wie muss ich's büßen!
Ein Donnerwort hat mich hinweggerafft.

Nicht darf ich dir zu gleichen mich vermessen!
Hab ich die Kraft dich anzuziehn besessen,
So hatt ich dich zu halten keine Kraft. 625

598–601, 606–1867: Diese Verse fehlen im *Urfaust* und – bis V. 1769 – im *Fragment*. Erst in der
Druckfassung des *Faust I* von 1808 ist die „große Lücke" geschlossen. 598–601 wurden als
„Brücke" zum Osterspaziergang eingefügt.
607 *Geisterfülle:* vgl. Anm. zu 519 f.
614 *Ebenbild:* vgl. Anm. zu 516
618 *Cherub:* Engel, der das Paradies bewacht. Die Cherubim stehen in der Hierarchie höher als
die Erzengel.
622 *Donnerwort:* vgl. Anm. zu 512 ff.

In jenem sel'gen Augenblicke
Ich fühlte mich so klein, so groß;
Du stießest grausam mich zurücke,
Ins ungewisse Menschenlos.
Wer lehret mich? was soll ich meiden?   630
Soll ich gehorchen jenem Drang?
Ach! unsre Taten selbst, so gut als unsre Leiden,
Sie hemmen unsres Lebens Gang.

Dem Herrlichsten, was auch der Geist empfangen,
Drängt immer fremd und fremder Stoff sich an;   635
Wenn wir zum Guten dieser Welt gelangen,
Dann heißt das Bessre Trug und Wahn.
Die uns das Leben gaben, herrliche Gefühle,
Erstarren in dem irdischen Gewühle.

Wenn Phantasie sich sonst mit kühnem Flug   640
Und hoffnungsvoll zum Ewigen erweitert,
So ist ein kleiner Raum ihr nun genug,
Wenn Glück auf Glück im Zeitenstrudel scheitert.
Die Sorge nistet gleich im tiefen Herzen,
Dort wirket sie geheime Schmerzen,   645
Unruhig wiegt sie sich und störet Lust und Ruh;
Sie deckt sich stets mit neuen Masken zu,
Sie mag als Haus und Hof, als Weib und Kind erscheinen,
Als Feuer, Wasser, Dolch und Gift;
Du bebst vor allem, was nicht trifft,   650
Und was du nie verlierst, das musst du stets beweinen.

629 *Menschenlos*: Gegenbegriff zu *Götterleben* (620). Im Folgenden spricht Faust von den „Lebenshemmungen" (633), vom *Stoff* (635), von der *Sorge* (644 ff.), vom *irdischen Gewühle* (639) im Gegensatz zu den *herrlichen Gefühlen* (638) seines idealischen Strebens nach Gottgleichheit.
635 *Stoff*: die irdische, materielle, physische Welt
637 *Dann ... Wahn*: Wenn wir – nach den Maßstäben dieser Welt – etwas Gutes erreicht haben, nennen wir die über irdische Begrenztheit hinausgehenden Ziele und Idealvorstellungen *Trug und Wahn*.
640 *sonst*: hier: zuvor, in der Beschwörung des Makrokosmos und des Erdgeistes
644 *Sorge*: Am Ende seines Lebens tritt die Sorge Faust in Gestalt eines *grauen Weibes* entgegen (11419 ff.): eine der wichtigen Spiegelungen und Verknüpfungen der beiden *Faust*-Teile.
650 f. *Du bebst ... beweinen*: Die Sorge ergreift auch von der Phantasie des Menschen Besitz: Er fürchtet nicht nur reale, sondern ebenso eingebildete Gefahren.

Den Göttern gleich ich nicht! Zu tief ist es gefühlt;
Dem Wurme gleich ich, der den Staub durchwühlt,
Den, wie er sich im Staube nährend lebt,
Des Wandrers Tritt vernichtet und begräbt.   655

Ist es nicht Staub, was diese hohe Wand
Aus hundert Fächern mir verenget?
Der Trödel, der mit tausendfachem Tand
In dieser Mottenwelt mich dränget?
Hier soll ich finden, was mir fehlt?   660
Soll ich vielleicht in tausend Büchern lesen,
Dass überall die Menschen sich gequält,
Dass hie und da ein Glücklicher gewesen? –
Was grinsest du mir, hohler Schädel, her,
Als dass dein Hirn wie meines einst verwirret   665
Den leichten Tag gesucht und in der Dämmrung schwer,
Mit Lust nach Wahrheit, jämmerlich geirret.
Ihr Instrumente freilich spottet mein,
Mit Rad und Kämmen, Walz und Bügel:
Ich stand am Tor, ihr solltet Schlüssel sein;   670
Zwar euer Bart ist kraus, doch hebt ihr nicht die Riegel.
Geheimnisvoll am lichten Tag
Lässt sich Natur des Schleiers nicht berauben,
Und was sie deinem Geist nicht offenbaren mag,
Das zwingst du ihr nicht ab mit Hebeln und mit Schrauben.   675
Du alt Geräte, das ich nicht gebraucht,
Du stehst nur hier, weil dich mein Vater brauchte.
Du alte Rolle, du wirst angeraucht,
So lang an diesem Pult die trübe Lampe schmauchte.
Weit besser hätt ich doch mein weniges verprasst,   680
Als mit dem wenigen belastet hier zu schwitzen!
Was du ererbt von deinen Vätern hast,

---

666 *Den leichten Tag ... Dämmrung schwer:* Chiasmus
668 ff. *Ihr Instrumente ... Riegel:* Die *Instrumente*, gleichsam als konkret vorhandene ange-
sprochen, vermögen als *Schlüssel* – also metaphorisch – trotz ihres komplizierten (*kraus*) Schlüssel*bart*es – wieder konkret – die *Riegel* nicht zu öffnen, d. h. die Geheimnisse der Natur nicht zu
lüften.
669 *Rad ... Bügel:* Bestandteile von *Instrumenten*, Maschinen in willkürlicher Zusammenstel-
lung
675 *mit Hebeln ... Schrauben:* auch hier eine ähnliche Verquickung von konkreter und metaphorischer (*Schleier*) Ebene wie 668 ff.
678 *angeraucht:* vgl. Anm. zu 405

Erwirb es, um es zu besitzen.
Was man nicht nützt, ist eine schwere Last;
Nur was der Augenblick erschafft, das kann er nützen.   685

Doch warum heftet sich mein Blick auf jene Stelle?
Ist jenes Fläschchen dort den Augen ein Magnet?
Warum wird mir auf einmal lieblich helle,
Als wenn im nächt'gen Wald uns Mondenglanz umweht?

Ich grüße dich, du einzige Phiole,   690
Die ich mit Andacht nun herunterhole!
In dir verehr ich Menschenwitz und Kunst.
Du Inbegriff der holden Schlummersäfte,
Du Auszug aller tödlich feinen Kräfte,
Erweise deinem Meister deine Gunst!   695
Ich sehe dich, es wird der Schmerz gelindert,
Ich fasse dich, das Streben wird gemindert,
Des Geistes Flutstrom ebbet nach und nach.
Ins hohe Meer werd ich hinausgewiesen,
Die Spiegelflut erglänzt zu meinen Füßen,   700
Zu neuen Ufern lockt ein neuer Tag.

Ein Feuerwagen schwebt, auf leichten Schwingen,
An mich heran! Ich fühle mich bereit
Auf neuer Bahn den Äther zu durchdringen,
Zu neuen Sphären reiner Tätigkeit.   705
Dies hohe Leben, diese Götterwonne!
Du, erst noch Wurm, und die verdienest du?
Ja, kehre nur der holden Erdensonne
Entschlossen deinen Rücken zu!
Vermesse dich die Pforten aufzureißen,   710
Vor denen jeder gern vorüberschleicht.

690 *Phiole*: bauchiges, langhalsiges Glasgefäß der Alchemisten. Im Folgenden spricht Faust sowohl das Gefäß als auch dessen Inhalt, tödliches Gift, an.
692 *Menschenwitz*: Witz: Verstand
693 f. *Inbegriff ... Auszug*: Extrakt, Konzentrat, Quintessenz
702 *Feuerwagen*: vgl. 2. Könige, 2,11: Elias fährt in einem feurigen Wagen gen Himmel.
704 *Äther*: griech. Luft; Bereich der göttlichen Wesen
705 *reiner*: frei von allen irdischen Beschränkungen
707 *erst*: eben erst
710 *Pforten*: Pforten des Todes (vgl. Jesaja 38,10 und Matth. 16,18): Christliche und antike Vorstellungen werden in den folgenden Versen vermengt.

Hier ist es Zeit, durch Taten zu beweisen,
Dass Manneswürde nicht der Götterhöhe weicht,
Vor jener dunkeln Höhle nicht zu beben,
In der sich Phantasie zu eigner Qual verdammt, 715
Nach jenem Durchgang hinzustreben,
Um dessen engen Mund die ganze Hölle flammt;
Zu diesem Schritt sich heiter zu entschließen,
Und wär es mit Gefahr, ins Nichts dahin zu fließen.

Nun komm herab, kristallne reine Schale! 720
Hervor aus deinem alten Futterale,
An die ich viele Jahre nicht gedacht!
Du glänztest bei der Väter Freudenfeste,
Erheitertest die ernsten Gäste,
Wenn einer dich dem andern zugebracht. 725
Der vielen Bilder künstlich reiche Pracht,
Des Trinkers Pflicht, sie reimweis zu erklären,
Auf einen Zug die Höhlung auszuleeren,
Erinnert mich an manche Jugendnacht;
Ich werde jetzt dich keinem Nachbar reichen, 730
Ich werde meinen Witz an deiner Kunst nicht zeigen;
Hier ist ein Saft, der eilig trunken macht.
Mit brauner Flut erfüllt er deine Höhle.
Den ich bereitet, den ich wähle,
Der letzte Trunk sei nun, mit ganzer Seele, 735
Als festlich hoher Gruß, dem Morgen zugebracht!
Er setzt die Schale an den Mund.

712 *Taten*: hier: der Selbstmord als „Tat"
714 *dunkeln Höhle*: Unterwelt
715 ff. *Phantasie ... Hölle*: die menschlicher Phantasie entsprungenen Höllenqualen
725 *zugebracht*: zubringen: zutrinken
726 *Bilder*: in die *kristallne...Schale* eingeschnitten
727 *Trinkers ... erklären*: Sitte bei *Freudenfesten*

37

GLOCKENKLANG und CHORGESANG.

CHOR DER ENGEL. Christ ist erstanden!
　　Freude dem Sterblichen,
　　Den die verderblichen,
　　Schleichenden, erblichen　　　　　　　　740
　　Mängel umwanden.

FAUST. Welch tiefes Summen, welch ein heller Ton
　　Zieht mit Gewalt das Glas von meinem Munde?
　　Verkündiget ihr dumpfen Glocken schon
　　Des Osterfestes erste Feierstunde?　　　　745
　　Ihr Chöre, singt ihr schon den tröstlichen Gesang,
　　Der einst, um Grabes Nacht, von Engelslippen klang,
　　Gewissheit einem neuen Bunde?

CHOR DER WEIBER. Mit Spezereien
　　Hatten wir ihn gepflegt,　　　　　　　　750
　　Wir seine Treuen
　　Hatten ihn hingelegt;
　　Tücher und Binden
　　Reinlich umwanden wir,
　　Ach! und wir finden　　　　　　　　　　755
　　Christ nicht mehr hier.

---

vor 737 *Glockenklang und Chorgesang:* verkünden – wohl als aus einer nahe gelegenen Kirche
herüberdringend vorzustellen – des *Osterfestes erste Feierstunde* (745), worauf Wagner in den
nachträglich eingefügten Versen 598–601 (vgl. Anm. dort) vorausweist
737 *Chor der Engel:* Im Folgenden greift Goethe auf Formen mittelalterlicher Osterfeiern zurück, die „Responsorien", d. h. Wechselgesänge zwischen den Chören der Engel, der Weiber
und der Jünger. Er übernimmt im Engelschor stets den Eingangsvers des Osterliedes *Christ ist
erstanden* aus dem 12. Jh., weicht inhaltlich aber deutlich von der Osterliturgie und den Evan-
gelientexten ab. Hinzu kommt die kunstvolle, bisweilen etwas gekünstelt und damit zugleich
vielleicht ein wenig ironisch wirkende Vers- und Reimgestalt: auftaktlose daktylische Kurzverse
mit zwei- bis dreisilbigen „gleitenden" Reimen, die oft die Hälfte der sechs Silben eines Verses
ausmachen (738 u. ö.) und sich bis zu fünfmal wiederholen (801 ff.). Sie scheinen den Inhalt in
Klang und Musik aufzulösen, sind nach Schöne (227) als Vertonungsvorlagen zu denken und unterstützen die wohl beabsichtigte Wirkung: Es geht nicht um die Vermittlung der christlich-dog-
matischen, heilsgeschichtlichen Osterbotschaft, sondern um die einer aus christlichen und anderen Elementen erzeugten „Stimmung" von Auferstehung, Erlösung, *Werdelust* und *Schaffender
Freude* (789 f.).
740 f. *erblichen Mängel:* abschwächende Bezeichnung für die „Erbsünde"
748 *neuen Bunde:* durch Christus begründet, entsprechend dem „alten Bund" Gottes mit seinem auserwählten, dem jüdischen Volk
749 *Spezereien:* ital. Gewürze; hier: Duftstoffe zum Einsalben von Toten

CHOR DER ENGEL. Christ ist erstanden!
　　Selig der Liebende,
　　Der die betrübende,
　　Heilsam' und übende　　　　　　　　　　　　　　　760
　　Prüfung bestanden.

FAUST. Was sucht ihr, mächtig und gelind,
　　Ihr Himmelstöne, mich am Staube?
　　Klingt dort umher, wo weiche Menschen sind.
　　Die Botschaft hör ich wohl, allein mir fehlt der Glaube;　　765
　　Das Wunder ist des Glaubens liebstes Kind.
　　Zu jenen Sphären wag ich nicht zu streben,
　　Woher die holde Nachricht tönt;
　　Und doch, an diesen Klang von Jugend auf gewöhnt,
　　Ruft er auch jetzt zurück mich in das Leben.　　　　　　770
　　Sonst stürzte sich der Himmelsliebe Kuss
　　Auf mich herab, in ernster Sabbatstille;
　　Da klang so ahnungsvoll des Glockentones Fülle,
　　Und ein Gebet war brünstiger Genuss;
　　Ein unbegreiflich holdes Sehnen　　　　　　　　　　775
　　Trieb mich, durch Wald und Wiesen hinzugehn,
　　Und unter tausend heißen Tränen
　　Fühlt ich mir eine Welt entstehn.
　　Dies Lied verkündete der Jugend muntre Spiele,
　　Der Frühlingsfeier freies Glück,　　　　　　　　　　780
　　Erinnrung hält mich nun mit kindlichem Gefühle

759f. *betrübende ... übende*: mit Betrübnis, Leid verbunden, aber zugleich oder insofern *heilsam und übend*
761 *Prüfung*: die des Gekreuzigten, aber auch jedes Liebenden (758); vgl. Schluss von *Faust II*
763 *am Staube*: vgl. 653 ff.
765 *Botschaft*: die Osterbotschaft *Christ ist erstanden*
769f. *Und doch ... Leben*: Faust glaubt nicht an den Inhalt der (Oster-)*Botschaft*, aber der vertraute *Klang* der *holden Nachricht*, der *Himmelstöne* ruft ihn ins Leben zurück; vgl. Anm. zu 737.
771 *Sonst*: früher. Auch damals erzeugte des *Glockentones Fülle* keine gläubigen, sondern sinnliche Gefühle (*brünstiger Genuss*), ein wertherisch allumfassendes Natur- und Weltempfinden (775–78).
772 *Sabbatstille*: Sabbat: jüd. Ruhetag (Samstag); hier: (Oster-)Sonntag
781 *Erinnrung*: Nicht der (christliche) Glaube, sondern die Erinnerung an seine damalige und *nun* durch die *Himmelstöne*, den *von Jugend auf gewöhnt*en *Klang* wieder hervorgerufene „Stimmung" erweckt kindliche Gefühle und hält ihn vom Selbstmord zurück.

Vom letzten, ernsten Schritt zurück.
O tönet fort, ihr süßen Himmelslieder!
Die Träne quillt, die Erde hat mich wieder!

CHOR DER JÜNGER. Hat der Begrabene   785
   Schon sich nach oben,
   Lebend Erhabene,
   Herrlich erhoben;
   Ist er in Werdelust
   Schaffender Freude nah;   790
   Ach! an der Erde Brust
   Sind wir zum Leide da.
   Ließ er die Seinen
   Schmachtend uns hier zurück;
   Ach! wir beweinen,   795
   Meister, dein Glück!

CHOR DER ENGEL. Christ ist erstanden,
   Aus der Verwesung Schoß.
   Reißet von Banden
   Freudig euch los!   800
   Tätig ihn Preisenden,
   Liebe Beweisenden,
   Brüderlich Speisenden,
   Predigend Reisenden,
   Wonne Verheißenden,   805
   Euch ist der Meister nah,
   Euch ist er da!

---

784 *Träne quillt*: vgl. **Zueignung**, 29 ff.
787 *Lebend Erhabene*: der als Auferstandener lebendige Christus
801 ff. *Tätig ihn ... Verheißenden*: *Euch* (806 f.), den *Tätig ihn Preisenden ... Wonne Verhei-ßenden*

VOR DEM TOR

Spaziergänger aller Art ziehen hinaus.

EINIGE HANDWERKSBURSCHEN. Warum denn dort hinaus?

ANDRE. Wir gehn hinaus aufs Jägerhaus.

DIE ERSTEN. Wir aber wollen nach der Mühle wandern. 810

EIN HANDWERKSBURSCH. Ich rat euch nach dem Wasserhof zu gehn.

ZWEITER. Der Weg dahin ist gar nicht schön.

DIE ZWEITEN. Was tust denn du?

EIN DRITTER. Ich gehe mit den andern.

VIERTER. Nach Burgdorf kommt herauf, gewiss dort findet ihr

Die schönsten Mädchen und das beste Bier 815

Und Händel von der ersten Sorte.

FÜNFTER. Du überlustiger Gesell,

Juckt dich zum dritten Mal das Fell?

Ich mag nicht hin, mir graut es vor dem Orte.

DIENSTMÄDCHEN. Nein, nein! ich gehe nach der Stadt zurück. 820

ANDRE. Wir finden ihn gewiss bei jenen Pappeln stehen.

ERSTE. Das ist für mich kein großes Glück;

Er wird an deiner Seite gehen,

Mit dir nur tanzt er auf dem Plan.

Was gehn mich deine Freuden an! 825

ANDRE. Heut ist er sicher nicht allein,

Der Krauskopf, sagt er, würde bei ihm sein.

SCHÜLER. Blitz, wie die wackern Dirnen schreiten!

Herr Bruder, komm! wir müssen sie begleiten.

Ein starkes Bier, ein beizender Toback 830

Und eine Magd im Putz, das ist nun mein Geschmack.

BÜRGERMÄDCHEN. Da sieh mir nur die schönen Knaben!

Vor dem Tor: vermutlich zwischen 1798 und 1801 entstanden, gewöhnlich „Osterspaziergang" genannt. Diese Szene, die Faust aus seiner Einsamkeit, der Begegnung mit der Geisterwelt, dem einzelnen Menschen Wagner und dem Tod hinausführt ins Leben, in die Natur, zu den (Mit-)Menschen, hat die Form einer Revue: typisierte, durch ihren sozialen Stand gekennzeichnete Menschen und Menschengruppen ziehen vorbei. Dieser Eindruck wird erzeugt durch den raschen Wechsel der Personen („ein Reigen ineinanderfließender Miniaturszenen", Schöne 230) und Gesprächsthemen, die oft unzusammenhängend aufeinanderfolgen (Gesprächsfetzen, vgl. 819 f., 827 f., 831 f., 835 f., 845 f., 871 f.), eine für das Drama dieser Zeit außergewöhnliche Dialog- und Szenenführung.

809 ff. *Jägerhaus...Mühle...Wasserhof...Burgdorf:* Hinter diesen „typischen" Namen für Ausflugsorte sind beliebte Wanderziele in der Umgebung Frankfurts erkennbar.

824 *Plan:* Tanzplatz im Freien

828 *Schüler:* Studenten

Dirnen: (Dienst-)Mädchen

829 *Herr Bruder:* studentische Anrede

Es ist wahrhaftig eine Schmach:
Gesellschaft könnten sie die allerbeste haben
Und laufen diesen Mägden nach! 835
ZWEITER SCHÜLER *zum ersten.*
Nicht so geschwind! dort hinten kommen zwei,
Sie sind gar niedlich angezogen.
's ist meine Nachbarin dabei;
Ich bin dem Mädchen sehr gewogen.
Sie gehen ihren stillen Schritt 840
Und nehmen uns doch auch am Ende mit.
ERSTER. Herr Bruder, nein! Ich bin nicht gern geniert.
Geschwind! dass wir das Wildbret nicht verlieren.
Die Hand, die samstags ihren Besen führt,
Wird sonntags dich am besten karessieren. 845
BÜRGER. Nein, er gefällt mir nicht, der neue Burgemeister!
Nun, da er's ist, wird er nur täglich dreister.
Und für die Stadt was tut denn er?
Wird es nicht alle Tage schlimmer?
Gehorchen soll man mehr als immer, 850
Und zahlen mehr als je vorher.
BETTLER *singt.* Ihr guten Herrn, ihr schönen Frauen,
So wohlgeputzt und backenrot,
Belieb es euch mich anzuschauen
Und seht und mildert meine Not! 855
Lasst hier mich nicht vergebens leiern!
Nur der ist froh, der geben mag.
Ein Tag, den alle Menschen feiern,
Er sei für mich ein Erntetag.
ANDRER BÜRGER. Nichts Bessers weiß ich mir an Sonn- und Feiertagen 860
Als ein Gespräch von Krieg und Kriegsgeschrei,
Wenn hinten, weit, in der Türkei,
Die Völker aufeinanderschlagen.
Man steht am Fenster, trinkt sein Gläschen aus
Und sieht den Fluss hinab die bunten Schiffe gleiten; 865
Dann kehrt man abends froh nach Haus
Und segnet Fried und Friedenszeiten.
DRITTER BÜRGER. Herr Nachbar, ja! so lass ich's auch geschehn,
Sie mögen sich die Köpfe spalten,
Mag alles durcheinandergehn, 870
Doch nur zu Hause bleib's beim Alten.

845 *karessieren*: zu frz. caresser: streicheln, liebkosen
856 *leiern*: die Bauern- oder Bettlerleier spielen

42

ALTE *zu den Bürgermädchen.*
  Ei! wie geputzt! das schöne junge Blut!
  Wer soll sich nicht in euch vergaffen? –
  Nur nicht so stolz! es ist schon gut!
  Und was ihr wünscht, das wüsst ich wohl zu schaffen.   875
BÜRGERMÄDCHEN. Agathe, fort! ich nehme mich in Acht
  Mit solchen Hexen öffentlich zu gehen;
  Sie ließ mich zwar in Sankt Andreas' Nacht
  Den künft'gen Liebsten leiblich sehen –
DIE ANDRE. Mir zeigte sie ihn im Kristall,   880
  Soldatenhaft, mit mehreren Verwegnen;
  Ich seh mich um, ich such ihn überall,
  Allein mir will er nicht begegnen.
SOLDATEN. Burgen mit hohen
       Mauern und Zinnen,   885
       Mädchen mit stolzen
       Höhnenden Sinnen
       Möcht ich gewinnen!
       Kühn ist das Mühen,
       Herrlich der Lohn!   890

       Und die Trompete
       Lassen wir werben,
       Wie zu der Freude,
       So zum Verderben.
       Das ist ein Stürmen!   895
       Das ist ein Leben!
       Mädchen und Burgen
       Müssen sich geben.
       Kühn ist das Mühen
       Herrlich der Lohn!   900
       Und die Soldaten
       Ziehen davon.
    FAUST und WAGNER.
FAUST. Vom Eise befreit sind Strom und Bäche
  Durch des Frühlings holden, belebenden Blick;
  Im Tale grünet Hoffnungsglück;   905
  Der alte Winter, in seiner Schwäche,

---

878 ff. *Sankt Andreas' Nacht ... im Kristall:* Insbesondere in dieser, der Nacht vom 29./30. November wird der mit Strafe bedrohte Teufelsbrauch der Kristallomantie, des Kristallsehens, praktiziert: Durch hypnotisierendes Starren auf die blanke Fläche eines Bergkristalls entstehende Halluzinationen sollen Antwort auf Liebesfragen geben.

Zog sich in raue Berge zurück.
Von dorther sendet er, fliehend, nur
Ohnmächtige Schauer körnigen Eises
In Streifen über die grünende Flur;   910
Aber die Sonne duldet kein Weißes,
Überall regt sich Bildung und Streben,
Alles will sie mit Farben beleben;
Doch an Blumen fehlt's im Revier,
Sie nimmt geputzte Menschen dafür.   915
Kehre dich um, von diesen Höhen
Nach der Stadt zurückzusehen.
Aus dem hohlen finstern Tor
Dringt ein buntes Gewimmel hervor.
Jeder sonnt sich heute so gern.   920
Sie feiern die Auferstehung des Herrn,
Denn sie sind selber auferstanden,
Aus niedriger Häuser dumpfen Gemächern,
Aus Handwerks- und Gewerbesbanden,
Aus dem Druck von Giebeln und Dächern,   925
Aus der Straßen quetschender Enge,
Aus der Kirchen ehrwürdiger Nacht
Sind sie alle ans Licht gebracht.
Sieh nur, sieh! wie behend sich die Menge
Durch die Gärten und Felder zerschlägt,   930
Wie der Fluss, in Breit und Länge,
So manchen lustigen Nachen bewegt,
Und bis zum Sinken überladen
Entfernt sich dieser letzte Kahn.
Selbst von des Berges fernen Pfaden   935
Blinken uns farbige Kleider an.
Ich höre schon des Dorfs Getümmel,
Hier ist des Volkes wahrer Himmel,
Zufrieden jauchzet Groß und Klein:
Hier bin ich Mensch, hier darf ich's sein!   940

---

914 *an Blumen fehlt's*: Der meteorologische Frühling setzte im ausgehenden 18. Jh., am Ende
einer sog. Kleinen Eiszeit (Schöne 234), später ein.
   Revier: vielleicht Uferland (riviera) am Fluss
916 ff. *Kehre dich um*: Perspektivwechsel: Das Volk schaut von der Stadt her auf Ziele außerhalb,
Faust blickt zurück, reflektiert.
930 *zerschlägt*: zerstreut, verteilt, verbreitet
938 ff. *Hier ist des Volkes ... darf ich's sein!*: Kein individueller Jubelruf Fausts, sondern der
pointierte Ausdruck dessen, was das Volk – wie Faust es sieht – empfindet und mit ihm in diesem Moment wohl auch er selbst.

WAGNER. Mit Euch, Herr Doktor, zu spazieren
Ist ehrenvoll und ist Gewinn;
Doch würd ich nicht allein mich her verlieren,
Weil ich ein Feind von allem Rohen bin.
Das Fiedeln, Schreien, Kegelschieben   945
Ist mir ein gar verhasster Klang;
Sie toben wie vom bösen Geist getrieben
Und nennen's Freude, nennen's Gesang.
BAUERN unter der Linde.
Tanz und Gesang.

    Der Schäfer putzte sich zum Tanz
    Mit bunter Jacke, Band und Kranz,   950
    Schmuck war er angezogen.
    Schon um die Linde war es voll.
    Und alles tanzte schon wie toll.
    Juchhe! Juchhe!
    Juchheisa! Heisa! He!   955
    So ging der Fiedelbogen.

    Er drückte hastig sich heran,
    Da stieß er an ein Mädchen an
    Mit seinem Ellenbogen;
    Die frische Dirne kehrt' sich um   960
    Und sagte: Nun, das find ich dumm!
    Juchhe! Juchhe!
    Juchheisa! Heisa! He!
    Seid nicht so ungezogen!

    Doch hurtig in dem Kreise ging's,   965
    Sie tanzten rechts, sie tanzten links
    Und alle Röcke flogen.
    Sie wurden rot, sie wurden warm
    Und ruhten atmend Arm in Arm,
    Juchhe! Juchhe!   970
    Juchheisa! Heisa! He!
    Und Hüft an Ellenbogen.

---

vor 949 *Bauern ... Gesang*: Ländliche Feste außerhalb der Stadt unter freiem Himmel und unter
Linden gehören zu Goethes frühesten Frankfurter Kindheitserinnerungen (*Dichtung und
Wahrheit*, 1. Buch).
949 ff. *Der Schäfer...*: Auf ein Lied mit gleicher Anfangszeile wird bereits in anderen Werken
Goethes hingewiesen (*Wilhelm Meister* II, 11); sein Inhalt wird aber als „nichts weniger als ehr-
bar" nicht mitgeteilt.

Und tu mir doch nicht so vertraut!
Wie mancher hat nicht seine Braut
Belogen und betrogen! 975
Er schmeichelte sie doch bei Seit'
Und von der Linde scholl es weit:
Juchhe! Juchhe!
Juchheisa! Heisa! He!
Geschrei und Fiedelbogen. 980

ALTER BAUER. Herr Doktor, das ist schön von Euch,
Dass Ihr uns heute nicht verschmäht
Und unter dieses Volksgedräng,
Als ein so Hochgelahrter, geht.
So nehmet auch den schönsten Krug, 985
Den wir mit frischem Trunk gefüllt,
Ich bring ihn zu und wünsche laut,
Dass er nicht nur den Durst Euch stillt:
Die Zahl der Tropfen, die er hegt,
Sei Euren Tagen zugelegt. 990
FAUST. Ich nehme den Erquickungstrank,
Erwidr' euch allen Heil und Dank.
Das VOLK sammelt sich im Kreis umher.
ALTER BAUER. Fürwahr, es ist sehr wohl getan,
Dass Ihr am frohen Tag erscheint;
Habt Ihr es vormals doch mit uns 995
An bösen Tagen gut gemeint!
Gar mancher steht lebendig hier,
Den Euer Vater noch zuletzt
Der heißen Fieberwut entriss,
Als er der Seuche Ziel gesetzt. 1000
Auch damals Ihr, ein junger Mann,
Ihr gingt in jedes Krankenhaus,
Gar manche Leiche trug man fort,
Ihr aber kamt gesund heraus.
Bestandet manche harte Proben; 1005
Dem Helfer half der Helfer droben.
ALLE. Gesundheit dem bewährten Mann,
Dass er noch lange helfen kann!

1000 *Ziel*: hier: Ende
1002 *Krankenhaus*: hier: Haus, in dem ein Kranker lag

FAUST. Vor jenem droben steht gebückt,
Der helfen lehrt und Hülfe schickt.   1010
Er geht mit Wagnern weiter.
WAGNER. Welch ein Gefühl musst du, o großer Mann,
Bei der Verehrung dieser Menge haben!
O glücklich, wer von seinen Gaben
Solch einen Vorteil ziehen kann!
Der Vater zeigt dich seinem Knaben,   1015
Ein jeder fragt und drängt und eilt,
Die Fiedel stockt, der Tänzer weilt.
Du gehst, in Reihen stehen sie,
Die Mützen fliegen in die Höh;
Und wenig fehlt, so beugten sich die Knie,   1020
Als käm das Venerabile.
FAUST. Nur wenig Schritte noch hinauf zu jenem Stein,
Hier wollen wir von unsrer Wandrung rasten.
Hier saß ich oft gedankenvoll allein
Und quälte mich mit Beten und mit Fasten.   1025
An Hoffnung reich, im Glauben fest,
Mit Tränen, Seufzen, Händeringen
Dacht ich das Ende jener Pest
Vom Herrn des Himmels zu erzwingen.
Der Menge Beifall tönt mir nun wie Hohn.   1030
O könntest du in meinem Innern lesen,
Wie wenig Vater und Sohn
Solch eines Ruhmes wert gewesen!
Mein Vater war ein dunkler Ehrenmann,
Der über die Natur und ihre heil'gen Kreise,   1035
In Redlichkeit, jedoch auf seine Weise,
Mit grillenhafter Mühe sann;
Der, in Gesellschaft von Adepten,
Sich in die schwarze Küche schloss

1021 *Venerabile*: lat. venerabilis „verehrungswürdig": die in der katholischen Prozession vor-
beigetragene geweihte Hostie in der Monstranz, vor der alle auf die Knie fallen
1032 *Wie wenig ...Sohn*: Diese Zeile fällt metrisch aus dem sonst regelmäßig alternierenden
Madrigalvers heraus.
1034 *dunkler Ehrenmann*: ein unbekannter, nicht berühmter, aber wohl auch ein fragwürdiger
Mann (*dunkel* = finster, obskur), der zwar in *Redlichkeit*, aber doch *auf seine Weise*, mit *grillenhafter Mühe* (d. h. nicht methodisch) denkt, sondern verstiegenen Vorstellungen folgt und
zweifelhafte (vgl. 1048 ff.) alchemistische Mittel (vgl. 1038 ff.) anwendet
1038 *Adepten*: Schüler, Eingeweihte der Alchemie
1039 *schwarze Küche*: Laboratorium, in dem die schwarze Kunst, die Alchemie, betrieben wird

Und, nach unendlichen Rezepten,   1040
Das Widrige zusammengoss.
Da ward ein roter Leu, ein kühner Freier,
Im lauen Bad der Lilie vermählt,
Und beide dann mit offnem Flammenfeuer
Aus einem Brautgemach ins andere gequält.   1045
Erschien darauf mit bunten Farben
Die junge Königin im Glas,
Hier war die Arzenei, die Patienten starben
Und niemand fragte: Wer genas?
So haben wir mit höllischen Latwergen   1050
In diesen Tälern, diesen Bergen
Weit schlimmer als die Pest getobt.
Ich habe selbst den Gift an Tausende gegeben:
Sie welkten hin, ich muss erleben,
Dass man die frechen Mörder lobt.   1055
WAGNER. Wie könnt Ihr Euch darum betrüben!
Tut nicht ein braver Mann genug,
Die Kunst, die man ihm übertrug,
Gewissenhaft und pünktlich auszuüben?
Wenn du, als Jüngling, deinen Vater ehrst,   1060
So wirst du gern von ihm empfangen;
Wenn du als Mann die Wissenschaft vermehrst,
So kann dein Sohn zu höhrem Ziel gelangen.
FAUST. O glücklich, wer noch hoffen kann
Aus diesem Meer des Irrtums aufzutauchen!   1065
Was man nicht weiß, das eben brauchte man,
Und was man weiß, kann man nicht brauchen.
Doch lass uns dieser Stunde schönes Gut
Durch solchen Trübsinn nicht verkümmern!

1041 *Widrige*: Gegensätzliche, seiner Verbindung Widerstrebende
1042 ff.: poetisch-bildhafte Beschreibung eines alchemistischen Verfahrens, in dem es – wie stets
– darum geht, den „Stein der Weisen" zu finden, ein universelles Geheimpräparat, ein Allheil-
mittel, das Gesundheit, Reichtum (Gold) und dergleichen verschaffen sollte: *roter Leu:* rötliches
Quecksilberoxyd; *Lilie:* weiße Salzsäure; *Brautgemach:* Retorte; *bunten Farben:* farbiger Niederschlag am Retortenhals, auch Pfauenschweif oder Regenbogen genannt (die Nachahmung
dieses Versuchs durch Chemiker im 20. Jh. ergab als Produkt buntfarbiges Quecksilberoxyd-
chlorid); *junge Königin:* vorletzte Stufe der alchemistischen Versuche (vor dem „Roten König"
= lapis, d. h. Stein (der Weisen)): materia prima, „weiße", jungfräuliche Erde (der „weiße Stein"),
die als Wunderheilmittel galt
1050 *Latwergen*: dick eingekochte Säfte, Arzneien
1053 *den Gift*: ursprünglich weiblich („Gabe"); von Goethe vereinzelt männlich gebraucht
1059 *pünktlich*: nicht zeitlich, sondern: auf den Punkt genau
1061 *empfangen*: übernehmen

Betrachte, wie in Abendsonne-Glut   1070
Die grün umgebnen Hütten schimmern.
Sie rückt und weicht, der Tag ist überlebt,
Dort eilt sie hin und fördert neues Leben.
O dass kein Flügel mich vom Boden hebt,
Ihr nach und immer nach zu streben!   1075
Ich säh im ewigen Abendstrahl
Die stille Welt zu meinen Füßen,
Entzündet alle Höhn, beruhigt jedes Tal,
Den Silberbach in goldne Ströme fließen.
Nicht hemmte dann den göttergleichen Lauf   1080
Der wilde Berg mit allen seinen Schluchten;
Schon tut das Meer sich mit erwärmten Buchten
Vor den erstaunten Augen auf.
Doch scheint die Göttin endlich wegzusinken;
Allein der neue Trieb erwacht,   1085
Ich eile fort ihr ew'ges Licht zu trinken,
Vor mir den Tag und hinter mir die Nacht,
Den Himmel über mir und unter mir die Wellen.
Ein schöner Traum, indessen sie entweicht.
Ach! zu des Geistes Flügeln wird so leicht   1090
Kein körperlicher Flügel sich gesellen.
Doch ist es jedem eingeboren,
Dass sein Gefühl hinauf- und vorwärtsdringt,
Wenn über uns, im blauen Raum verloren,
Ihr schmetternd Lied die Lerche singt;   1095
Wenn über schroffen Fichtenhöhen
Der Adler ausgebreitet schwebt
Und über Flächen, über Seen
Der Kranich nach der Heimat strebt.
WAGNER. Ich hatte selbst oft grillenhafte Stunden,   1100
Doch solchen Trieb hab ich noch nie empfunden.
Man sieht sich leicht an Wald und Feldern satt,
Des Vogels Fittich werd ich nie beneiden.
Wie anders tragen uns die Geistesfreuden
Von Buch zu Buch, von Blatt zu Blatt!   1105
Da werden Winternächte hold und schön,
Ein selig Leben wärmet alle Glieder
Und ach! entrollst du gar ein würdig Pergamen,
So steigt der ganze Himmel zu dir nieder.

1084 *Göttin*: Sonne
1108 *Pergamen*: (Nebenform zu) Pergament

FAUST. Du bist dir nur des einen Triebs bewusst; 1110
O lerne nie den andern kennen!
Zwei Seelen wohnen, ach! in meiner Brust,
Die eine will sich von der andern trennen;
Die eine hält, in derber Liebeslust,
Sich an die Welt mit klammernden Organen; 1115
Die andre hebt gewaltsam sich vom Dust
Zu den Gefilden hoher Ahnen.
O gibt es Geister in der Luft,
Die zwischen Erd und Himmel herrschend weben,
So steiget nieder aus dem goldnen Duft 1120
Und führt mich weg zu neuem, buntem Leben!
Ja, wäre nur ein Zaubermantel mein
Und trüg er mich in fremde Länder!
Mir sollt er um die köstlichsten Gewänder,
Nicht feil um einen Königsmantel sein. 1125
WAGNER. Berufe nicht die wohl bekannte Schar,
Die strömend sich im Dunstkreis überbreitet,
Dem Menschen tausendfältige Gefahr,
Von allen Enden her, bereitet.
Von Norden dringt der scharfe Geisterzahn 1130
Auf dich herbei, mit pfeilgespitzten Zungen;
Von Morgen ziehn, vertrocknend, sie heran
Und nähren sich von deinen Lungen;
Wenn sie der Mittag aus der Wüste schickt,
Die Glut auf Glut um deinen Scheitel häufen, 1135
So bringt der West den Schwarm, der erst erquickt,
Um dich und Feld und Aue zu ersäufen.
Sie hören gern, zum Schaden froh gewandt,
Gehorchen gern, weil sie uns gern betrügen;
Sie stellen wie vom Himmel sich gesandt, 1140
Und lispeln englisch, wenn sie lügen.

1116 *Dust*: Dunst, Staub (vgl. engl. dust)
1120 *Duft*: Dunst, Dampf, Nebel
1122 *Zaubermantel*: dem Volksbuch entnommen; hier eine Art Vorausdeutung auf Mephistos Mantel (2065 ff.), der sie durch die Lüfte tragen wird; zugleich, neben anderen Andeutungen, Stichwort für das Erscheinen Mephistos (1147)
1126 ff.: Die von Wagner abgewehrte *wohl bekannte Schar* gleicht der Darstellung eines Holzschnitts in einer pansophischen Abhandlung, die im 17. Jh. in Frankfurt a. M. erschien (Schöne 241): Bösartige Windgeister bringen dem Menschen Krankheiten und Naturkatastrophen.
1132 ff. *Morgen ... Mittag*: Osten, Süden
1141 *lispeln englisch*: flüstern wie Engel

Doch gehen wir! Ergraut ist schon die Welt,
Die Luft gekühlt, der Nebel fällt!
Am Abend schätzt man erst das Haus. –
Was stehst du so und blickst erstaunt hinaus? 1145
Was kann dich in der Dämmrung so ergreifen?
FAUST. Siehst du den schwarzen Hund durch Saat und Stoppel streifen?
WAGNER. Ich sah ihn lange schon, nicht wichtig schien er mir.
FAUST. Betracht ihn recht! für was hältst du das Tier?
WAGNER. Für einen Pudel, der auf seine Weise 1150
Sich auf der Spur des Herren plagt.
FAUST. Bemerkst du, wie in weitem Schneckenkreise
Er um uns her und immer näher jagt?
Und irr ich nicht, so zieht ein Feuerstrudel
Auf seinen Pfaden hinterdrein. 1155
WAGNER. Ich sehe nichts als einen schwarzen Pudel;
Es mag bei Euch wohl Augentäuschung sein.
FAUST. Mir scheint es, dass er magisch leise Schlingen
Zu künft'gem Band um unsre Füße zieht.
WAGNER. Ich seh ihn ungewiss und furchtsam uns umspringen, 1160
Weil er, statt seines Herrn, zwei Unbekannte sieht.
FAUST. Der Kreis wird eng, schon ist er nah!
WAGNER. Du siehst! ein Hund und kein Gespenst ist da.
Er knurrt und zweifelt, legt sich auf den Bauch,
Er wedelt. Alles Hundebrauch. 1165
FAUST. Geselle dich zu uns! Komm hier!
WAGNER. Es ist ein pudelnärrisch Tier.
Du stehest still, er wartet auf;
Du sprichst ihn an, er strebt an dir hinauf;
Verliere was, er wird es bringen, 1170
Nach deinem Stock ins Wasser springen.
FAUST. Du hast wohl Recht; ich finde nicht die Spur
Von einem Geist und alles ist Dressur.

1147 *schwarzen Hund*: Schon in Faustbüchern wird dem Teufelsbündner ein Hund beigesellt, der auch oft als Erscheinungsbild des Bösen auftritt (vgl. die Prosaszene **Trüber Tag · Feld**).
1154 *Feuerstrudel*: Von Wagner als *Augentäuschung* abgetan, zitiert Goethe 1822 in seiner Farbenlehre diese Stelle als Beleg für ein sog. Nachbild, welches er im Faust bereits „aus dichterischer Ahnung und nur im halben Bewusstsein" beschrieben habe.
1166 *Geselle…*: Die Aufforderung erinnert an die Worte des Herrn im **Prolog**: *Drum geb ich gern ihm den Gesellen zu* (342).

WAGNER. Dem Hunde, wenn er gut gezogen,
   Wird selbst ein weiser Mann gewogen.   1175
   Ja, deine Gunst verdient er ganz und gar,
   Er, der Studenten trefflicher Skolar.
   Sie gehen in das Stadttor.

STUDIERZIMMER

FAUST *mit dem* PUDEL *hereintretend.*
      Verlassen hab ich Feld und Auen,
      Die eine tiefe Nacht bedeckt,
      Mit ahnungsvollem, heil'gem Grauen   1180
      In uns die bessre Seele weckt.
      Entschlafen sind nun wilde Triebe
      Mit jedem ungestümen Tun;
      Es reget sich die Menschenliebe,
      Die Liebe Gottes regt sich nun.   1185

   Sei ruhig, Pudel! renne nicht hin und wider!
   An der Schwelle was schnoperst du hier?
   Lege dich hinter den Ofen nieder,
   Mein bestes Kissen geb ich dir.
   Wie du draußen auf dem bergigen Wege   1190
   Durch Rennen und Springen ergetzt uns hast,
   So nimm nun auch von mir die Pflege,
   Als ein willkommner stiller Gast.

      Ach wenn in unsrer engen Zelle
      Die Lampe freundlich wieder brennt,   1195
      Dann wird's in unserm Busen helle,
      Im Herzen, das sich selber kennt.

1177 *Skolar:* Schüler, Lehrling
Studierzimmer: entstanden 1800
1184 f. *Menschenliebe ... Liebe Gottes:* Liebe zu den Menschen, zu Gott (genetivus objectivus)
1187 *Schwelle:* der dort gezeichnete Drudenfuß wird Mephisto später den Ausgang verwehren,
vgl. 1395 ff.
      schnoperst: schnupperst, schnüffelst
1188 *hinter den Ofen:* Hier wird sich später (1310 ff.) – wie in den Faustbüchern – die Verwandlung des Pudels in Mephisto vollziehen; umgangssprachlich heißt dieser Platz auch „Hölle".

Vernunft fängt wieder an zu sprechen
Und Hoffnung wieder an zu blühn,
Man sehnt sich nach des Lebens Bächen,   1200
Ach! nach des Lebens Quelle hin.

Knurre nicht, Pudel! Zu den heiligen Tönen,
Die jetzt meine ganze Seel umfassen,
Will der tierische Laut nicht passen.
Wir sind gewohnt, dass die Menschen verhöhnen,   1205
Was sie nicht verstehn,
Dass sie vor dem Guten und Schönen,
Das ihnen oft beschwerlich ist, murren;
Will es der Hund, wie sie, beknurren?

Aber ach! schon fühl ich, bei dem besten Willen,   1210
Befriedigung nicht mehr aus dem Busen quillen.
Aber warum muss der Strom so bald versiegen
Und wir wieder im Durste liegen?
Davon hab ich so viel Erfahrung.
Doch dieser Mangel lässt sich ersetzen,   1215
Wir lernen das Überirdische schätzen,
Wir sehnen uns nach Offenbarung,
Die nirgends würd'ger und schöner brennt
Als in dem Neuen Testament.
Mich drängt's, den Grundtext aufzuschlagen,   1220
Mit redlichem Gefühl einmal
Das heilige Original
In mein geliebtes Deutsch zu übertragen.

Er schlägt ein Volum auf und schickt sich an.

Geschrieben steht: „Im Anfang war das W o r t !"
Hier stock ich schon! Wer hilft mir weiter fort?   1225
Ich kann das W o r t so hoch unmöglich schätzen,
Ich muss es anders übersetzen,
Wenn ich vom Geiste recht erleuchtet bin.

1200 *des Lebens Bächen*: Sie führen vom Strom des Lebens zurück zu des *Lebens Quelle.*
1224 *Im Anfang ... Wort*: Joh. 1,1: griech. logos ist vieldeutig, meint zugleich Wort, Begriff, Vernunft; Herder beklagt 1774: „Aber das Deutsche Wort sagt nicht, was der Urbegriff sagt" und schlägt 1775 (Erläuterungen zum NT) vor: „Gedanke! Wort! Wille! That! Liebe!"
1226 *Wort so hoch ... schätzen*: Faust lässt die zentrale christologische Bedeutung des *Wortes* als des fleischgewordenen Gottes, also Christus, außer Acht, denkt wohl eher an Menschenworte.

53

Geschrieben steht: Im Anfang war der S i n n.
Bedenke wohl die erste Zeile,   1230
Dass deine Feder sich nicht übereile!
Ist es der S i n n, der alles wirkt und schafft?
Es sollte stehn: Im Anfang war die K r a f t!
Doch, auch indem ich dieses niederschreibe,
Schon warnt mich was, dass ich dabei nicht bleibe.   1235
Mir hilft der Geist! Auf einmal seh ich Rat
Und schreibe getrost: Im Anfang war die T a t!

Soll ich mit dir das Zimmer teilen,
Pudel, so lass das Heulen,
So lass das Bellen!   1240
Solch einen störenden Gesellen
Mag ich nicht in der Nähe leiden.
Einer von uns beiden
Muss die Zelle meiden.
Ungern heb ich das Gastrecht auf,   1245
Die Tür ist offen, hast freien Lauf.
Aber was muss ich sehen!
Kann das natürlich geschehen?
Ist es Schatten? ist's Wirklichkeit?
Wie wird mein Pudel lang und breit!   1250
Er hebt sich mit Gewalt,
Das ist nicht eines Hundes Gestalt!
Welch ein Gespenst bracht ich ins Haus!
Schon sieht er wie ein Nilpferd aus,
Mit feurigen Augen, schrecklichem Gebiss.   1255
Oh! du bist mir gewiss!
Für solche halbe Höllenbrut
Ist Salomonis Schlüssel gut.

GEISTER *auf dem Gange.* Drinnen gefangen ist einer!
          Bleibet haußen, folg ihm keiner!   1260
          Wie im Eisen der Fuchs
          Zagt ein alter Höllenluchs.
          Aber gebt Acht!

1258 *Salomonis Schlüssel*: Claviculae Salomonis, ein vorgeblich auf König Salomo zurückgehen-
des, verbreitetes Zauber- und Beschwörungsbuch des 16. bis 18. Jh.s
1260 *haußen*: hie außen, (hier) draußen
1261 *Eisen*: Fangeisen, Falle
1262 *Höllenluchs*: Mephistopheles

Schwebet hin, schwebet wider,
Auf und nieder,   1265
Und er hat sich losgemacht.
Könnt ihr ihm nützen,
Lasst ihn nicht sitzen!
Denn er tat uns allen
Schon viel zu Gefallen.   1270

FAUST. Erst zu begegnen dem Tiere,
Brauch ich den Spruch der Viere:

Salamander soll glühen,
Undene sich winden,
Sylphe verschwinden,   1275
Kobold sich mühen.

Wer sie nicht kennte,
Die Elemente,
Ihre Kraft
Und Eigenschaft,   1280
Wäre kein Meister
Über die Geister.

Verschwind in Flammen,
Salamander!
Rauschend fließe zusammen,   1285
Undene!
Leucht in Meteoren-Schöne,
Sylphe!
Bring häusliche Hülfe,
Incubus! Incubus!   1290
Tritt hervor und mache den Schluss.

1271 *zu begegnen*: entgegenzutreten
1272 *Spruch der Viere*: Dieser *Spruch* findet sich nicht in *Salomonis Schlüssel*, stammt also wohl von Goethe. Er dient zur Beschwörung der Elementargeister. Zunächst (1273 – 76) werden diese mit ihren Namen, die Goethe aus den Schriften des Paracelsus kannte, genannt. Dann versucht Faust, das *Tier*, also den Pudel (Mephisto), in dem er einen solchen Elementargeist vermutet, mit Hilfe des magischen *Spruchs* (1283 – 91) zu zwingen, sich zu erkennen zu geben.
1273 *Salamander*: Feuergeist, unverbrennbar
1274 *Undene*: von lat. unda „Welle“: Wassergeist
1275 *Sylphe*: Luftgeist
1276 *Kobold*: Erdgeist
1290 *Incubus*: männlicher Buhlteufel, nächtlicher Quälgeist, Nachtmar; hier offenbar für *Kobold*
1291 *mache den Schluss*: mach Schluss mit der Erscheinung (des Pudels)

Keines der Viere
Steckt in dem Tiere.
Es liegt ganz ruhig und grinst mich an;
Ich hab ihm noch nicht wehgetan.   1295
Du sollst mich hören
Stärker beschwören.

Bist du, Geselle,
Ein Flüchtling der Hölle?
So sieh dies Zeichen,   1300
Dem sie sich beugen,
Die schwarzen Scharen!

Schon schwillt es auf mit borstigen Haaren.

Verworfnes Wesen!
Kannst du ihn lesen?   1305
Den nie Entsprossnen,
Unausgesprochnen,
Durch alle Himmel Gegossnen,
Freventlich Durchstochnen?

Hinter den Ofen gebannt,   1310
Schwillt es wie ein Elefant,
Den ganzen Raum füllt es an
Es will zum Nebel zerfließen.
Steige nicht zur Decke hinan!

1300 *Zeichen*: gewöhnlich als Kruzifix mit der Aufschrift INRI (Jesus Nazarenus Rex Judae-
orum) aufgefasst. Dafür sprechen die Verse 1306–09, relativ eindeutig allerdings nur der letzte;
manche Kommentatoren denken angesichts der Uneindeutigkeit, mit der Goethe hier und an-
derswo christliche Elemente verwendet (vgl. z. B. die Osternacht-Szene), auch an eine Art Zau-
berzeichen, das Faust, der sich der Magie ergeben hat, der nicht an Christus glaubt, hier dem
Flüchtling der Hölle vorhält.
1304 *Verworfnes Wesen*: vielleicht der von Gott verworfene, von ihm abgefallene Engel, also
Mephistopheles
1306 *Den nie Entsprossnen*: der von Ewigkeit her war, Christus, aber auch Gott
1307 *Unausgesprochnen*: dessen Wesen und Bedeutung durch keinen Namen ausgesprochen,
ausgedrückt werden kann: Christus, oder: dessen Namen man nicht ausspricht: Gott
1308 *Durch ... Gegossnen*: dessen Herrlichkeit alle Himmel erfüllt: Christus, oder: der All-
gegenwärtige, Gott
1309 *Durchstochnen*: der von den Kreuzesnägeln und der Lanze des Kriegsknechts Durchbohr-
te: Christus
1310 *Ofen*: vgl. Anm. zu 1188

Lege dich zu des Meisters Füßen! 1315
Du siehst, dass ich nicht vergebens drohe.
Ich versenge dich mit heiliger Lohe!
Erwarte nicht
Das dreimal glühende Licht!
Erwarte nicht 1320
Die stärkste von meinen Künsten!
MEPHISTOPHELES tritt, indem der Nebel fällt, gekleidet wie
ein fahrender Scholastikus, hinter dem Ofen hervor.
Wozu der Lärm? was steht dem Herrn zu Diensten?
FAUST. Das also war des Pudels Kern!
Ein fahrender Skolast? Der Casus macht mich lachen.
MEPHISTOPHELES. Ich salutiere den gelehrten Herrn! 1325
Ihr habt mich weidlich schwitzen machen.
FAUST. Wie nennst du dich?
MEPHISTOPHELES.   Die Frage scheint mir klein
Für einen, der das Wort so sehr verachtet,
Der, weit entfernt von allem Schein,
Nur in der Wesen Tiefe trachtet. 1330
FAUST. Bei euch, ihr Herrn, kann man das Wesen
Gewöhnlich aus dem Namen lesen,
Wo es sich allzu deutlich weist,
Wenn man euch Fliegengott, Verderber, Lügner heißt.
Nun gut, wer bist du denn?
MEPHISTOPHELES.   Ein Teil von jener Kraft, 1335
Die stets das Böse will und stets das Gute schafft.
FAUST. Was ist mit diesem Rätselwort gemeint?
MEPHISTOPHELES. Ich bin der Geist, der stets verneint!
Und das mit Recht; denn alles, was entsteht,
Ist wert, dass es zugrunde geht; 1340

1319 *das ... Licht*: von den Kommentatoren zumeist als die Dreieinigkeit aufgefasst, als das von
Sonnenstrahlen umgebene Dreieck mit dem Auge Gottes in der Mitte. Auch hier bleibt der Text
eher geheimnisvoll-uneindeutig wie oben (1304 ff.) oder in entsprechenden „christlichen" Passagen.
vor 1322 *fahrender Scholastikus*: reisender Student
1328 *Wort ... verachtet*: vgl. 1226
1334 *Fliegengott*: wörtl. Übersetzung von hebräisch Baalsebub (2. Könige 1,2); im NT Beel-
zebub: der (oberste) Teufel
1336 *Böse will ... Gute schafft*: Dieses *Rätselwort* ist nicht, wie es zunächst scheint, als Bestä-
tigung der Worte des *Herrn* im **Prolog** (340 ff.) zu verstehen, denn dann bedürfte es nicht der
von Mephisto angebotenen „Wette". Sein *eigentliches Element* ist *das Böse* (1343 f.), das er
stets ... will und das, wenn er es *schafft*, aus seiner, der Sicht des *Verderbers* und *Lügners* (1334),
in mephistophelischer Verkehrung *das Gute* ist.

57

Drum besser wär's, dass nichts entstünde.
So ist denn alles, was ihr Sünde,
Zerstörung, kurz das Böse nennt,
Mein eigentliches Element.

FAUST. Du nennst dich einen Teil und stehst doch ganz vor mir? 1345
MEPHISTOPHELES. Bescheidne Wahrheit sprech ich dir.

Wenn sich der Mensch, die kleine Narrenwelt,
Gewöhnlich für ein Ganzes hält –
Ich bin ein Teil des Teils, der anfangs alles war,
Ein Teil der Finsternis, die sich das Licht gebar, 1350
Das stolze Licht, das nun der Mutter Nacht
Den alten Rang, den Raum ihr streitig macht,
Und doch gelingt's ihm nicht, da es, so viel es strebt,
Verhaftet an den Körpern klebt.
Von Körpern strömt's, die Körper macht es schön, 1355
Ein Körper hemmt's auf seinem Gange,
So, hoff ich, dauert es nicht lange
Und mit den Körpern wird's zugrunde gehn.

FAUST. Nun kenn ich deine würd'gen Pflichten!
Du kannst im Großen nichts vernichten 1360
Und fängst es nun im Kleinen an.

MEPHISTOPHELES. Und freilich ist nicht viel damit getan.

Was sich dem Nichts entgegenstellt,
Das Etwas, diese plumpe Welt,
So viel als ich schon unternommen, 1365
Ich wusste nicht ihr beizukommen,
Mit Wellen, Stürmen, Schütteln, Brand –
Geruhig bleibt am Ende Meer und Land!
Und dem verdammten Zeug, der Tier- und Menschenbrut,
Dem ist nun gar nichts anzuhaben: 1370

1347 *kleine Narrenwelt*: „kleine Welt" = Mikrokosmos = der Mensch (im Gegensatz zum und zugleich als Abbild des Makrokosmos = Welt, All, Natur); vgl. 1802 und ↑ Glossar
1349 ff. *Ich bin ein Teil…*: In einer Mischung antiker und biblischer Weltentstehungsvorstellungen entwickelt Mephisto (des *Chaos wunderlicher Sohn,* 1384) eine Art Kosmogonie ohne Gott – an seine Stelle tritt die *Mutter Nacht:* Am Anfang war das „Chaos" (Hesiod), die *Finsternis* (Bibel), aus der das *Licht,* die Welt, hervorging. (Vgl. dagegen den Text des Johannesevangeliums (1,1–5), den Faust zu übersetzen versuchte.)
1351 ff.: Mephistos Aussagen über das Verhältnis von *Finsternis, Licht* und *Körpern* (Materie) entsprechen Goethes Vorstellungen (Beiträge zur Optik): Wir denken die Finsternis „abstrakt ohne Gegenstand der Verneinung", das Licht hingegen „niemals in abstracto", sondern „wir werden es gewahr als die Wirkung eines bestimmten Gegenstandes, der sich in dem Raume befindet und durch eben diese Wirkung andere Gegenstände sichtbar macht". Sie gehen auf den mittelalterlichen englischen Theologen Robert Grosseteste zurück (Schöne 252).
1367 *Schütteln*: Erdbeben

58

Wie viele hab ich schon begraben!
Und immer zirkuliert ein neues, frisches Blut.
So geht es fort, man möchte rasend werden!
Der Luft, dem Wasser, wie der Erden
Entwinden tausend Keime sich,   1375
Im Trocknen, Feuchten, Warmen, Kalten!
Hätt ich mir nicht die Flamme vorbehalten,
Ich hätte nichts Aparts für mich.
FAUST. So setzest du der ewig regen,
Der heilsam schaffenden Gewalt   1380
Die kalte Teufelsfaust entgegen,
Die sich vergebens tückisch ballt!
Was anders suche zu beginnen
Des Chaos wunderlicher Sohn!
MEPHISTOPHELES. Wir wollen wirklich uns besinnen,   1385
Die nächsten Male mehr davon!
Dürft ich wohl diesmal mich entfernen?
FAUST. Ich sehe nicht, warum du fragst.
Ich habe jetzt dich kennen lernen,
Besuche nun mich, wie du magst.   1390
Hier ist das Fenster, hier die Türe,
Ein Rauchfang ist dir auch gewiss.
MEPHISTOPHELES. Gesteh ich's nur! dass ich hinausspaziere,
Verbietet mir ein kleines Hindernis,
Der Drudenfuß auf Eurer Schwelle –   1395
FAUST. Das Pentagramma macht dir Pein?
Ei sage mir, du Sohn der Hölle,
Wenn das dich bannt, wie kamst du denn herein?
Wie ward ein solcher Geist betrogen?
MEPHISTOPHELES. Beschaut es recht! es ist nicht gut gezogen;   1400
Der eine Winkel, der nach außen zu,
Ist, wie du siehst, ein wenig offen.
FAUST. Das hat der Zufall gut getroffen!
Und mein Gefangner wärst denn du?
Das ist von ungefähr gelungen!   1405
MEPHISTOPHELES. Der Pudel merkte nichts, als er hereingesprungen,

---

1380 *heilsam schaffenden Gewalt*: vgl. *Kraft* und *Tat* in Fausts Bibelübersetzung (1233 ff.)
1384 *Des Chaos…*: vgl. Anm. zu 1349 ff.
1395 *Drudenfuß*: von mhd. trute „Unholdin"; fünfzackiger Stern, *Pentagramma*, aus fünf in einem Zuge gezeichneten A bestehend (daher auch Pentalpha genannt), der das Haus gegen das Eindringen böser Geister schützen soll
1401 *Winkel … nach außen zu*: die nach außen weisende Spitze, in magischer Sprache „Pforte"

Die Sache sieht jetzt anders aus:
Der Teufel kann nicht aus dem Haus.
FAUST. Doch warum gehst du nicht durchs Fenster?
MEPHISTOPHELES. 's ist ein Gesetz der Teufel und Gespenster: 1410
Wo sie hereingeschlüpft, da müssen sie hinaus.
Das Erste steht uns frei, beim Zweiten sind wir Knechte.
FAUST. Die Hölle selbst hat ihre Rechte?
Das find ich gut, da ließe sich ein Pakt,
Und sicher wohl, mit euch, ihr Herren, schließen? 1415
MEPHISTOPHELES. Was man verspricht, das sollst du rein genießen,
Dir wird davon nichts abgezwackt.
Doch das ist nicht so kurz zu fassen
Und wir besprechen das zunächst;
Doch jetzo bitt ich, hoch und höchst, 1420
Für dieses Mal mich zu entlassen.
FAUST. So bleibe doch noch einen Augenblick
Um mir erst gute Mär zu sagen.
MEPHISTOPHELES. Jetzt lass mich los! ich komme bald zurück;
Dann magst du nach Belieben fragen. 1425
FAUST. Ich habe dir nicht nachgestellt,
Bist du doch selbst ins Garn gegangen.
Den Teufel halte, wer ihn hält!
Er wird ihn nicht so bald zum zweiten Male fangen.
MEPHISTOPHELES. Wenn dir's beliebt, so bin ich auch bereit 1430
Dir zur Gesellschaft hier zu bleiben;
Doch mit Bedingnis dir die Zeit
Durch meine Künste würdig zu vertreiben.
FAUST. Ich seh es gern, das steht dir frei;
Nur dass die Kunst gefällig sei! 1435
MEPHISTOPHELES. Du wirst, mein Freund, für deine Sinnen
In dieser Stunde mehr gewinnen
Als in des Jahres Einerlei.
Was dir die zarten Geister singen,
Die schönen Bilder, die sie bringen, 1440
Sind nicht ein leeres Zauberspiel.
Auch dein Geruch wird sich ergetzen,
Dann wirst du deinen Gaumen letzen

1414 *Pakt*: erste Erwähnung eines möglichen Pakts mit Mephisto, der späteren „Wette"
(1692 ff.)
1416 *rein*: uneingeschränkt
1423 *Mär*: Kunde, Nachricht; vgl. Luther „Ich bring euch gute, neue Mär", die sich dort aber auf
die Geburt Christi bezieht

Und dann entzückt sich dein Gefühl.
Bereitung braucht es nicht voran,   1445
Beisammen sind wir, fanget an!
GEISTER.   Schwindet, ihr dunkeln
Wölbungen droben!
Reizender schaue
Freundlich der blaue   1450
Äther herein!
Wären die dunkeln
Wolken zerronnen!
Sternelein funkeln,
Mildere Sonnen   1455
Scheinen darein.
Himmlischer Söhne
Geistige Schöne,
Schwankende Beugung
Schwebet vorüber.   1460
Sehnende Neigung
Folget hinüber;
Und der Gewänder
Flatternde Bänder
Decken die Länder,   1465
Decken die Laube,
Wo sich fürs Leben,
Tief in Gedanken,
Liebende geben.
Laube bei Laube!   1470

1447 ff. *Schwindet…*: Daktylen, gepaart mit Trochäen (Adoneus), ‚weiche' weibliche Reime
(ausgenommen 1451, 1456, 1505), die sich über zwei der nur fünf Silben umfassenden Kurzverse
erstrecken, Wiederholung von Reimwörtern in zufälliger Folge, wodurch Vorangehendes mit
Nachfolgendem verknüpft, zugleich aber auch der Eindruck des unendlichen Vorwärtsstrebens,
des ohne Halt In-einander-Überfließens erzeugt wird, den auf syntaktischer Ebene die zahlrei-
chen Enjambements unterstützen. Das sind die Mittel, mit denen der schwerelos schwebende,
einlullende, geradezu hypnotisierende Klangzauber dieses Geister„gesangs" erreicht wird, eine
Folge ineinander übergehender *schöner Bilder* (1440), die Fausts *Sinne* (1436) ansprechen, seine
Wünsche, Phantasien, Traumvisionen und zugleich die Lebenssehnsucht des in den Schlaf Sin-
kenden (vgl. nach 1525) ausdrücken. Sie scheinen – Goethes meteorologischen Vorstellungen
entsprechend – wie aufsteigende Wolken zu entschweben.
1448 *Wölbungen*: die gewölbte gotische Zimmerdecke (wie eine dunkle Wolkendecke)
1457 *Himmlischer Söhne*: auch hier könnte das Wolkenbild passen
1459 *Schwankende Beugung*: sich wandelnde Rundung (der Wolken)
1461 *Sehnende Neigung*: sehnsüchtige Zuneigung, Verlangen des Einschlafenden / Träumenden
1463 ff. *Gewänder … Länder*: könnte sich ebenfalls auf „Wolken" beziehen

Sprossende Ranken!
Lastende Traube
Stürzt ins Behälter
Drängender Kelter,
Stürzen in Bächen   1475
Schäumende Weine,
Rieseln durch reine,
Edle Gesteine,
Lassen die Höhen
Hinter sich liegen,   1480
Breiten zu Seen
Sich ums Genügen
Grünender Hügel.
Und das Geflügel
Schlürfet sich Wonne,   1485
Flieget der Sonne,
Flieget den hellen
Inseln entgegen,
Die sich auf Wellen
Gauklend bewegen;   1490
Wo wir in Chören
Jauchzende hören,
Über den Auen
Tanzende schauen,
Die sich im Freien   1495
Alle zerstreuen.
Einige klimmen
Über die Höhen,
Andere schwimmen
Über die Seen,   1500
Andere schweben;
Alle zum Leben,
Alle zur Ferne
Liebender Sterne,
Seliger Huld.   1505

MEPHISTOPHELES. Er schläft! So recht, ihr luft'gen zarten Jungen!
 Ihr habt ihn treulich eingesungen!
 Für dies Konzert bin ich in eurer Schuld.
 Du bist noch nicht der Mann, den Teufel festzuhalten!

1482 *Genügen*: Fülle, Menge
1484 *Geflügel*: Vögel
1488 *Inseln*: Inseln der Seligen

Umgaukelt ihn mit süßen Traumgestalten,   1510
Versenkt ihn in ein Meer des Wahns;
Doch dieser Schwelle Zauber zu zerspalten,
Bedarf ich eines Rattenzahns.
Nicht lange brauch ich zu beschwören,
Schon raschelt eine hier und wird sogleich mich hören.   1515

Der Herr der Ratten und der Mäuse,
Der Fliegen, Frösche, Wanzen, Läuse
Befiehlt dir dich hervorzuwagen
Und diese Schwelle zu benagen,
So wie er sie mit Öl betupft –   1520
Da kommst du schon hervorgehupft!
Nur frisch ans Werk! Die Spitze, die mich bannte,
Sie sitzt ganz vornen an der Kante.
Noch einen Biss, so ist's geschehn. –
Nun, Fauste, träume fort, bis wir uns wiedersehn.   1525
FAUST *erwachend*. Bin ich denn abermals betrogen?
Verschwindet so der geisterreiche Drang,
Dass mir ein Traum den Teufel vorgelogen
Und dass ein Pudel mir entsprang?

STUDIERZIMMER

FAUST. MEPHISTOPHELES.
FAUST. Es klopft? Herein! Wer will mich wieder plagen?   1530
MEPHISTOPHELES. Ich bin's.
FAUST.   Herein!
MEPHISTOPHELES.   Du musst es dreimal sagen.
FAUST. Herein denn!
MEPHISTOPHELES.   So gefällst du mir.
  Wir werden, hoff ich, uns vertragen!
  Denn dir die Grillen zu verjagen
  Bin ich als edler Junker hier,   1535

1512 *Schwelle Zauber*: den *Drudenfuß* (1395)
1516f. *Herr der ... Läuse*: Mephisto gibt sich, wie der Teufel, als Herr des Ungeziefers
(vgl. 1334)
1522 *Spitze ... bannte*: die ins Zimmer weisende, geschlossene Spitze des Pentagramms, die Mephisto den Ausgang verwehrt (vgl. 1393 ff.)
1527 *geisterreiche Drang*: Andrang, Gedränge der Geister

In rotem, goldverbrämtem Kleide,
Das Mäntelchen von starrer Seide,
Die Hahnenfeder auf dem Hut,
Mit einem langen, spitzen Degen,
Und rate nun dir, kurz und gut,   1540
Dergleichen gleichfalls anzulegen;
Damit du, losgebunden, frei,
Erfahrest, was das Leben sei.

FAUST. In jedem Kleide werd ich wohl die Pein
Des engen Erdelebens fühlen.   1545
Ich bin zu alt, um nur zu spielen,
Zu jung, um ohne Wunsch zu sein.
Was kann die Welt mir wohl gewähren?
Entbehren sollst du! sollst entbehren!
Das ist der ewige Gesang,   1550
Der jedem an die Ohren klingt,
Den, unser ganzes Leben lang,
Uns heiser jede Stunde singt.
Nur mit Entsetzen wach ich morgens auf,
Ich möchte bittre Tränen weinen,   1555
Den Tag zu sehn, der mir in seinem Lauf
Nicht einen Wunsch erfüllen wird, nicht einen,
Der selbst die Ahnung jeder Lust
Mit eigensinnigem Krittel mindert,
Die Schöpfung meiner regen Brust   1560
Mit tausend Lebensfratzen hindert.
Auch muss ich, wenn die Nacht sich niedersenkt,
Mich ängstlich auf das Lager strecken;
Auch da wird keine Rast geschenkt,
Mich werden wilde Träume schrecken.   1565

1536–39: Die (Ver-)Kleidung nach Art der spanischen Hoftracht weist zugleich die typischen
Kennzeichen des Teufels auf: *rotes Kleid, Hahnenfeder* (vgl. 2485 f.)
1539 *Degen*: Im Kampf mit Valentin (3704 ff.) werden Mephisto und Faust ihre Degen gebrauchen.
1542 *losgebunden*: aller bisherigen Bindungen, Einschränkungen ledig, zugleich aber *eingeteufelt* (3371)
1549 f. *Entbehren ... Gesang*: vgl. Goethes Äußerung in *Dichtung und Wahrheit* (16. Buch):
„...Leben, Sitten, Gewohnheiten, Weltklugheit, Philosophie, Religion, ja so manches zufällige
Ereignis, alles ruft uns zu, dass wir *entsagen* sollen...“
1559 *Krittel*: Tadel, kleinliches Mäkeln
1561 *Lebensfratzen*: widerwärtige Alltagsroutine; vgl. Goethe (*Maximen und Reflexionen* 913):
„Ich verwünsche das Tägliche, weil es immer absurd ist/‚Fratze‘!...“ oder (zu Eckermann,
11. 3. 1829): „Fratzen des täglichen Lebens“
1562–71: erinnert an Hiob 7, 13–16; vgl. dazu bereits Anklänge im **Prolog**

Der Gott, der mir im Busen wohnt,
Kann tief mein Innerstes erregen;
Der über allen meinen Kräften thront,
Er kann nach außen nichts bewegen;
Und so ist mir das Dasein eine Last,   1570
Der Tod erwünscht, das Leben mir verhasst.
MEPHISTOPHELES. Und doch ist nie der Tod ein ganz willkommner Gast.
FAUST. O selig der, dem er im Siegesglanze
Die blut'gen Lorbeern um die Schläfe windet,
Den er, nach rasch durchrastem Tanze,   1575
In eines Mädchens Armen findet!
O wär ich vor des hohen Geistes Kraft
Entzückt, entseelt dahingesunken!
MEPHISTOPHELES. Und doch hat jemand einen braunen Saft,
In jener Nacht, nicht ausgetrunken.   1580
FAUST. Das Spionieren, scheint's, ist deine Lust.
MEPHISTOPHELES. Allwissend bin ich nicht; doch viel ist mir bewusst.
FAUST. Wenn aus dem schrecklichen Gewühle
Ein süß bekannter Ton mich zog,
Den Rest von kindlichem Gefühle   1585
Mit Anklang froher Zeit betrog,
So fluch ich allem, was die Seele
Mit Lock- und Gaukelwerk umspannt,
Und sie in diese Trauerhöhle
Mit Blend- und Schmeichelkräften bannt!   1590
Verflucht voraus die hohe Meinung,
Womit der Geist sich selbst umfängt!

1566 ff. *Der Gott ... bewegen*: Eine vieldeutige, von den Kommentatoren unterschiedlich inter-
pretierte Passage; Arens (171) spricht von „jener charakteristischen Verschwommenheit ..., wie
sie in allen seinen Aussagen über sein Inneres, sein Wollen, Streben und Glauben im Teil I eigen
ist." Der Gott in seinem Busen – „seine persönliche Gottesempfindung" oder „das in ihm wirkende Göttliche", „im Grunde sein Gefühl der Gottebenbildlichkeit" – wecken in ihm über-
steigerte Selbsterwartungen, sein unbedingtes, unbegrenztes „Streben", das aber, da er kein Gott
ist, „nach außen nichts bewegen" kann und ihn ständig in neue Enttäuschungen und von daher
zu Lebenshass und Todeswunsch (1571) führt.
1572, 1579 ff.: Anspielung auf die Osternacht (720 ff., besonders 732 f.), von der Mephisto offenbar weiß. Ist es das Gefühl der Scham, belauscht worden zu sein in einer Stunde sentimentaler
Schwäche, die Faust zu seinem maßlosen „Fluch-Monolog"(1587 ff.) treibt? (vgl. Arens 173)
1577 *hohen Geistes*: Erdgeistes
1583–1587 ff. *Wenn ... So*: Wenn damals ... *ein süß bekannter Ton ...*, *So fluch' ich* jetzt *allem,...*
1586 *Anklang*: Anklingen, Erinnerung
1588 *Lock- und Gaukelwerk*: Fausts Fluch gilt der Täuschung, der Illusion; vgl. auch *Blend-
und Schmeichelkräften*, Blenden der Erscheinung usw.
1589 *Trauerhöhle*: des Leibes, Körpers oder: des Lebens

Verflucht das Blenden der Erscheinung,
Die sich an unsre Sinne drängt!
Verflucht, was uns in Träumen heuchelt, 1595
Des Ruhms, der Namensdauer Trug!
Verflucht, was als Besitz uns schmeichelt,
Als Weib und Kind, als Knecht und Pflug!
Verflucht sei Mammon, wenn mit Schätzen
Er uns zu kühnen Taten regt, 1600
Wenn er zu müßigem Ergetzen
Die Polster uns zurechte legt!
Fluch sei dem Balsamsaft der Trauben!
Fluch jener höchsten Liebeshuld!
Fluch sei der Hoffnung! Fluch dem Glauben 1605
Und Fluch vor allen der Geduld!
GEISTERCHOR *unsichtbar.* Weh! weh!
　　　Du hast sie zerstört,
　　　Die schöne Welt,
　　　Mit mächtiger Faust; 1610
　　　Sie stürzt, sie zerfällt!
　　　Ein Halbgott hat sie zerschlagen!
　　　Wir tragen
　　　Die Trümmern ins Nichts hinüber
　　　Und klagen 1615
　　　Über die verlorne Schöne.
　　　Mächtiger
　　　Der Erdensöhne,

1596 *Ruhmes ... Trug*: die trügerische Hoffnung auf Ruhm, das Fortdauern (Weiterleben) des
Namens (in ruhmvollen Werken)
1599 *Mammon*: Personifizierung des Geldes; vgl. Matth. 6,24; Luk. 16,13
1604 f. *Liebeshuld ... Glauben*: die höchsten christlichen Tugenden (vgl. 1. Korinther 13,13),
aber in umgekehrter Reihenfolge; die Einordnung in diese Trias legt nahe, unter *Liebeshuld* die
Liebe Gottes (zu den Menschen, vgl. 1185), seine Gnade (Huld) zu verstehen
1606 *Geduld*: Die bereits durch die Verkehrung der Reihenfolge verstärkte Absage an die christlichen Grundtugenden wird noch einmal verschärft durch die Erweiterung um den Fluch auf die
Geduld, das (Er)Dulden, ins Unvermeidliche Sich-Fügen (Goethe), eine Tugend, die Faust nicht
besitzt und die er ablehnt in seinen widersprüchlichen Wünschen nach Lebensgenuss, aber auch
nach rastloser Tätigkeit (vgl. die Wette, 1692 ff.).
1607 *Geisterchor*: in der Faust-Literatur viel diskutiert, ob gute, mahnende oder böse, verführe-
risch schmeichelnde, mephistophelische (vgl. 1627 f.) Geister, ob beides, ob Fausts innere Stimmen, ob ernst gemeint oder ironisch zu verstehen. Auch wenn man von einer immer wieder zu
beobachtenden, von Goethe bewusst eingesetzten Uneindeutigkeit ausgeht, sind ironische Töne
doch unüberhörbar, worauf v.a. Arens 176 f. hinweist. Dass es sich, wie A. meint, ab 1622 um
eine „wirklich ernst gemeinte Mahnung" handelt, erscheint ebenfalls zweifelhaft. Auch hier
klingen die positiv besetzten Adjektive *neu*, *hell* eher ironisch, sind sie doch allenfalls aus Mephistos Sicht positiv.

Prächtiger
Baue sie wieder, 1620
In deinem Busen baue sie auf!
Neuen Lebenslauf
Beginne,
Mit hellem Sinne,
Und neue Lieder 1625
Tönen darauf!
MEPHISTOPHELES. Dies sind die Kleinen
Von den Meinen.
Höre, wie zu Lust und Taten
Altklug sie raten! 1630
In die Welt weit,
Aus der Einsamkeit,
Wo Sinnen und Säfte stocken,
Wollen sie dich locken.

Hör auf mit deinem Gram zu spielen, 1635
Der, wie ein Geier, dir am Leben frisst;
Die schlechteste Gesellschaft lässt dich fühlen,
Dass du ein Mensch mit Menschen bist.
Doch so ist's nicht gemeint
Dich unter das Pack zu stoßen. 1640
Ich bin keiner von den Großen;
Doch willst du, mit mir vereint,
Deine Schritte durchs Leben nehmen,
So will ich mich gern bequemen
Dein zu sein, auf der Stelle. 1645
Ich bin dein Geselle
Und mach ich dir's recht,
Bin ich dein Diener, bin dein Knecht!
FAUST. Und was soll ich dagegen dir erfüllen?

1629 *Lust und Taten*: Auch diese Bezeichnung für die widersprüchlichen Wünsche Fausts klingt in Mephistos Mund ironisch.
1633 *Sinnen und Säfte*: entsprechend medizinischen Vorstellungen der Zeit wohl auf die „zwey Hauptquellen" der Krankheiten Gelehrter zu beziehen, „die beständigen … Anstrengungen des Geistes und die stete Ruhe des Körpers" (vgl. Schöne 257 f.)
1635 *Gram*: Kummer
1636 *Geier*: vielleicht Anspielung auf Prometheus, dem als Bestrafung für seinen Übermut täglich ein von Zeus gesandter Adler die nachts wieder nachwachsende Leber aus dem Leibe herausfraß
1637 *schlechteste*: schlichteste, ganz normale

MEPHISTOPHELES. Dazu hast du noch eine lange Frist.   1650
FAUST. Nein, nein! der Teufel ist ein Egoist
    Und tut nicht leicht um Gottes willen,
    Was einem andern nützlich ist.
    Sprich die Bedingung deutlich aus;
    Ein solcher Diener bringt Gefahr ins Haus.   1655
MEPHISTOPHELES. Ich will mich h i e r zu deinem Dienst verbinden,
    Auf deinen Wink nicht rasten und nicht ruhn;
    Wenn wir uns d r ü b e n wiederfinden,
    So sollst du mir das Gleiche tun.
FAUST. Das Drüben kann mich wenig kümmern;   1660
    Schlägst du erst diese Welt zu Trümmern,
    Die andre mag darnach entstehn.
    Aus dieser Erde quillen meine Freuden
    Und diese Sonne scheinet meinen Leiden;
    Kann ich mich erst von ihnen scheiden,   1665
    Dann mag, was will und kann, geschehn.
    Davon will ich nichts weiter hören,
    Ob man auch künftig hasst und liebt
    Und ob es auch in jenen Sphären
    Ein Oben oder Unten gibt.   1670
MEPHISTOPHELES. In diesem Sinne kannst du's wagen.
    Verbinde dich; du sollst, in diesen Tagen,
    Mit Freuden meine Künste sehn,
    Ich gebe dir, was noch kein Mensch gesehn.
FAUST. Was willst du armer Teufel geben?   1675
    Ward eines Menschen Geist, in seinem hohen Streben,
    Von deinesgleichen je gefasst?
    Doch hast du Speise, die nicht sättigt, hast

1650 *lange Frist*: in den Faustbüchern: 24 Jahre
1652 *um Gottes willen*: umsonst, gratis
1661 *Schlägst ... Trümmern*: passt eigentlich nicht auf Mephisto, sondern eher auf Faust (3359);
hier wohl vor allem im mehrfach wiederholten Kontext *diese Welt – Die andre* (1661–70) zu
verstehen
1672 *Verbinde dich*: schließe das Bündnis, den Vertrag (1414 f.: *Pakt*)
1678–85: Alles, was der *arme Teufel geben* könnte, ist in sich widersprüchlich, ist paradox
(*Speise...nicht sättigt* usw.). Es weist zurück auf das im „Fluch-Monolog" (1587 ff.) von Faust
verdammte *Lock- und Gaukelwerk*, das *Blenden der Erscheinung,/Die sich an unsre Sinne
drängt* (1593 f.; dort: Reichtum, Besitz, Ruhm), und weist zugleich voraus auf den von Faust an-
gestrebten *schmerzlichsten Genuss* (1766 ff.). Der auch sprachlich deutliche Bezug auf diese
Textstelle scheint dafür zu sprechen, Fausts paradoxe Wünsche als in Frageform an Mephisto ge-
richtete Forderungen aufzufassen, das seit der Weimarer Ausgabe nach V. 1685 gesetzte Frage-
zeichen für sinnvoll zu halten und nicht mit Schöne (258 f.) zum Punkt der *Faust I*-Drucke zu
Goethes Lebzeiten zurückzukehren und damit die Verse 1678–1685 als „höhnende Feststel-
lungsrede zu nehmen".

68

Du rotes Gold, das ohne Rast,
Quecksilber gleich, dir in der Hand zerrinnt,   1680
Ein Spiel, bei dem man nie gewinnt,
Ein Mädchen, das an meiner Brust
Mit Äugeln schon dem Nachbar sich verbindet,
Der Ehre schöne Götterlust,
Die, wie ein Meteor, verschwindet?   1685
Zeig mir die Frucht, die fault, eh man sie bricht,
Und Bäume, die sich täglich neu begrünen!
MEPHISTOPHELES. Ein solcher Auftrag schreckt mich nicht,
Mit solchen Schätzen kann ich dienen.
Doch, guter Freund, die Zeit kommt auch heran,   1690
Wo wir was Guts in Ruhe schmausen mögen.
FAUST. Werd ich beruhigt je mich auf ein Faulbett legen,
So sei es gleich um mich getan!
Kannst du mich schmeichelnd je belügen,
Dass ich mir selbst gefallen mag,   1695
Kannst du mich mit Genuss betrügen,
Das sei für mich der letzte Tag!
Die Wette biet ich!
MEPHISTOPHELES.   Topp!
FAUST.   Und Schlag auf Schlag!
Werd ich zum Augenblicke sagen:
Verweile doch! du bist so schön!   1700
Dann magst du mich in Fesseln schlagen,
Dann will ich gern zugrunde gehn!
Dann mag die Totenglocke schallen,
Dann bist du deines Dienstes frei,

1686 f. *Zeig ... begrünen*: Wiederholt die erste Aufforderung noch einmal die Paradoxie der vorangehenden Wünsche, so zeigt die letzte, dass Fausts Streben kein Genuss genügen kann, dass es auf ewige Wiederholung im täglich neuen Beginnen gerichtet ist, in der unstillbaren Begierde sein unerreichbares Ziel hat.
1692–1706: Faust schließt keinen Pakt mit dem Teufel (vgl. 1414; 1656–59), sondern er bezeichnet seinen „Vertrag" mit Mephisto selbst als eine *Wette* (1698), nennt aber – wie in einem Pakt – Bedingungen, vermeidet jedoch das bedingende „Wenn". Er „verwettet" sein Leben, nicht – wie im Teufelspakt der Faustbücher – seine Seele.
1694 *schmeichelnd ... belügen*: vgl. „Fluch-Monolog" (1587 ff.)
1699 f. *Werd ... schön*: In der drittletzten Szene des *Faust II* (11581 f.), bevor er stirbt, wiederholt Faust diese Worte in konjunktivischer Form: *Zum Augenblicke dürft' ich sagen:/Verweile doch, du bist so schön!* Wenig später (11593 f.) nehmen Mephisto und der Chor Worte des Verses 1705 indikativisch wieder auf: *Die Uhr steht still ... Der Zeiger fällt.*

Die Uhr mag stehn, der Zeiger fallen,   1705
Es sei die Zeit für mich vorbei!
MEPHISTOPHELES. Bedenk es wohl, wir werden's nicht vergessen.
FAUST. Dazu hast du ein volles Recht;
Ich habe mich nicht freventlich vermessen.
Wie ich beharre, bin ich Knecht,   1710
Ob dein, was frag ich, oder wessen.
MEPHISTOPHELES. Ich werde heute gleich, beim Doktorschmaus,
Als Diener meine Pflicht erfüllen.
Nur eins! – Um Lebens oder Sterbens willen
Bitt ich mir ein paar Zeilen aus.   1715
FAUST. Auch was Geschriebnes forderst du Pedant?
Hast du noch keinen Mann, nicht Manneswort gekannt?
Ist's nicht genug, dass mein gesprochnes Wort
Auf ewig soll mit meinen Tagen schalten?
Rast nicht die Welt in allen Strömen fort   1720
Und mich soll ein Versprechen halten?
Doch dieser Wahn ist uns ins Herz gelegt,
Wer mag sich gern davon befreien?
Beglückt, wer Treue rein im Busen trägt,
Kein Opfer wird ihn je gereuen!   1725
Allein ein Pergament, beschrieben und beprägt,
Ist ein Gespenst, vor dem sich alle scheuen.
Das Wort erstirbt schon in der Feder,
Die Herrschaft führen Wachs und Leder.
Was willst du böser Geist von mir?   1730
Erz, Marmor, Pergament, Papier?
Soll ich mit Griffel, Meißel, Feder schreiben?
Ich gebe jede Wahl dir frei.
MEPHISTOPHELES. Wie magst du deine Rednerei
Nur gleich so hitzig übertreiben?   1735

1705 *der Zeiger fallen*: die *Zeit* nicht mehr anzeigen, da sie *vorbei* ist; vielfältige Erklärungsversuche der Kommentatoren (zerstörtes Uhrwerk, antike Wasseruhr) bleiben unbefriedigend; vgl. Anm. zu 1699 f.
1710 *Wie ich beharre*: indem ich verharre, nicht mehr rastlos vorwärtsstrebe
1712 *Doktorschmaus*: Hinweis auf eine geplante, dann weggelassene Disputationsszene, die öffentliche Verteidigung der Doktorarbeit mit anschließendem Festessen
1719 *schalten*: vgl. „schalten und walten": über meine Tage bestimmen
1726 *beprägt*: mit einem Wachssiegel versehen
1729 *Wachs und Leder*: Siegel und Pergament, also das Schriftstück, die Urkunde

Ist doch ein jedes Blättchen gut.
Du unterzeichnest dich mit einem Tröpfchen Blut.
FAUST. Wenn dies dir völlig Gnüge tut,
So mag es bei der Fratze bleiben.
MEPHISTOPHELES. Blut ist ein ganz besondrer Saft.   1740
FAUST. Nur keine Furcht, dass ich dies Bündnis breche!
Das Streben meiner ganzen Kraft
Ist grade das, was ich verspreche.
Ich habe mich zu hoch gebläht,
In deinen Rang gehör ich nur.   1745
Der große Geist hat mich verschmäht,
Vor mir verschließt sich die Natur.
Des Denkens Faden ist zerrissen,
Mir ekelt lange vor allem Wissen.
Lass in den Tiefen der Sinnlichkeit   1750
Uns glühende Leidenschaften stillen!
In undurchdrungnen Zauberhüllen
Sei jedes Wunder gleich bereit!
Stürzen wir uns in das Rauschen der Zeit,
Ins Rollen der Begebenheit!   1755
Da mag denn Schmerz und Genuss,
Gelingen und Verdruss
Miteinander wechseln, wie es kann;
Nur rastlos betätigt sich der Mann.
MEPHISTOPHELES. Euch ist kein Maß und Ziel gesetzt.   1760
Beliebt's Euch überall zu naschen,
Im Fliehen etwas zu erhaschen,
Bekomm Euch wohl, was Euch ergetzt.
Nur greift mir zu und seid nicht blöde!
FAUST. Du hörest ja, von Freud ist nicht die Rede.   1765
Dem Taumel weih ich mich, dem schmerzlichsten Genuss,

1739 *Fratze*: abergläubisch-unsinnige, leere Formalität
1746 *große Geist*: Erdgeist
1748–59: unterschiedliche Versmaße charakterisieren Fausts wechselnde Stimmungen: bis 1748
Madrigal-, 1749–53 Knittelverse (vgl. **Nacht**), 1754 Daktylen, 1756–59 freie Verse ohne festes
metrisches Schema
1764 *blöde*: auch schüchtern, zaghaft
1766 f. *schmerzlichsten … Verdruss*: Die drei Oxymora erinnern an Fausts paradoxe Wünsche,
die er (1678 ff.) an Mephisto richtet. Sie machen auch sprachlich noch einmal deutlich, dass es für
Faust keinen Stillstand, keine Befriedigung, keinen erfüllten Augenblick (vgl. Wette) geben
kann, sondern nur „die in den Oxymora sich ausdrückende Einheit des in sich Gegensätzlichen"
(Erler/Pickerodt, 982).
1766–69: Goethe stellt durch diese überleitenden Verse, insbesondere durch die Oxymora, eine

Verliebtem Hass, erquickendem Verdruss.
Mein Busen, der vom Wissensdrang geheilt ist,
Soll keinen Schmerzen künftig sich verschließen,
Und was der ganzen Menschheit zugeteilt ist,   1770
Will ich in meinem innern Selbst genießen,
Mit meinem Geist das Höchst' und Tiefste greifen,
Ihr Wohl und Weh auf meinen Busen häufen
Und so mein eigen Selbst zu ihrem Selbst erweitern
Und, wie sie selbst, am End auch ich zerscheitern.   1775
MEPHISTOPHELES. O glaube mir, der manche tausend Jahre
An dieser harten Speise kaut,
Dass von der Wiege bis zur Bahre
Kein Mensch den alten Sauerteig verdaut!
Glaub unsereinem, dieses Ganze   1780
Ist nur für einen Gott gemacht!
Er findet sich in einem ew'gen Glanze,
Uns hat er in die Finsternis gebracht
Und euch taugt einzig Tag und Nacht.
FAUST. Allein ich will!
MEPHISTOPHELES.   Das lässt sich hören!   1785
Doch nur vor einem ist mir bang:
Die Zeit ist kurz, die Kunst ist lang.
Ich dächt, ihr ließet Euch belehren.
Assoziiert Euch mit einem Poeten,
Lasst den Herrn in Gedanken schweifen   1790
Und alle edlen Qualitäten
Auf Euren Ehrenscheitel häufen,
Des Löwen Mut,
Des Hirsches Schnelligkeit,
Des Italieners feurig Blut,   1795
Des Nordens Dau'rbarkeit.
Lasst ihn Euch das Geheimnis finden
Großmut und Arglist zu verbinden
Und Euch, mit warmen Jugendtrieben,
Nach einem Plane zu verlieben.   1800

---

inhaltliche Verbindung zu den folgenden Versen (1770–75), zum „eigenen, jugendlich-titani-
schen Totalitätsprogramm des großen Individuums – als ein unerfüllbares, hybrides Verlangen"
(Schöne 264) her. Dieses „Programm" und die folgenden Verse bis 1867 finden sich bereits im
Fragment von 1790, fehlen aber im *Urfaust*.
1770 ff. *ganzen Menschheit … zerscheitern*: Dass Faust sich im oben (Anm. zu 1766 f.) beschrie-
benen Sinn als Repräsentant der *ganzen Menschheit* versteht, legen die Begriffe *Schmerzen*
(1769) und *genießen* (statt etwa: erleiden) nahe: Auch hier geht es um *schmerzlichsten Genuss*.

Möchte selbst solch einen Herren kennen,
Würd ihn Herrn Mikrokosmus nennen.
FAUST. Was bin ich denn, wenn es nicht möglich ist,
Der Menschheit Krone zu erringen,
Nach der sich alle Sinne dringen?   1805
MEPHISTOPHELES. Du bist am Ende – was du bist.
Setz dir Perücken auf von Millionen Locken,
Setz deinen Fuß auf ellenhohe Socken,
Du bleibst doch immer, was du bist.
FAUST. Ich fühl's, vergebens hab ich alle Schätze   1810
Des Menschengeists auf mich herbeigerafft,
Und wenn ich mich am Ende niedersetze,
Quillt innerlich doch keine neue Kraft;
Ich bin nicht um ein Haarbreit höher,
Bin dem Unendlichen nicht näher.   1815
MEPHISTOPHELES. Mein guter Herr, Ihr seht die Sachen,
Wie man die Sachen eben sieht;
Wir müssen das gescheiter machen,
Eh uns des Lebens Freude flieht.
Was Henker! freilich Händ und Füße   1820
Und Kopf und H[intern], die sind dein;
Doch alles, was ich frisch genieße,
Ist das drum weniger mein?
Wenn ich sechs Hengste zahlen kann,
Sind ihre Kräfte nicht die meine?   1825
Ich renne zu und bin ein rechter Mann,
Als hätt ich vierundzwanzig Beine.
Drum frisch! Lass alles Sinnen sein
Und grad mit in die Welt hinein!
Ich sag es dir: Ein Kerl, der spekuliert,   1830
Ist wie ein Tier, auf dürrer Heide
Von einem bösen Geist im Kreis herumgeführt,
Und rings umher liegt schöne grüne Weide.
FAUST. Wie fangen wir das an?

1802 *Mikrokosmus*: vgl. 1347 f.
1808 f. *Socken*: lat. soccus: niedriger Schuh des Schauspielers in der antiken Komödie im Gegensatz zum hohen Kothurn des Tragödienspielers. Mephisto verdoppelt seinen Spott durch die Beifügung des Adjektivs *ellenhohe*; für ihn bleibt Faust „doch nur ein sich aufblähender Komödiant"(Arens 196).
1821 *H[intern]*: Die Textauslassungen sämtlicher Ausgaben außer Schönes werden hier wie auch später (3961, 4138 f., 4142 f.) nach der Handschrift in Klammern ergänzt.
1824 ff. *sechs Hengste zahlen*: Aus diesen Versen leitet Karl Marx seine Charakteristik des kapitalistischen „Privateigenthums" ab (vgl. Arens 196 f., Schöne 266).

73

MEPHISTOPHELES.   Wir gehen eben fort.

Was ist das für ein Marterort?   1835
Was heißt das für ein Leben führen,
Sich und die Jungens ennuyieren?
Lass du das dem Herrn Nachbar Wanst!
Was willst du dich das Stroh zu dreschen plagen?
Das Beste, was du wissen kannst,   1840
Darfst du den Buben doch nicht sagen.
Gleich hör ich einen auf dem Gange!
FAUST. Mir ist's nicht möglich, ihn zu sehn.
MEPHISTOPHELES. Der arme Knabe wartet lange,
Der darf nicht ungetröstet gehn.   1845
Komm, gib mir deinen Rock und Mütze;
Die Maske muss mir köstlich stehn. *Er kleidet sich um.*
Nun überlass es meinem Witze!
Ich brauche nur ein Viertelstündchen Zeit;
Indessen mache dich zur schönen Fahrt bereit! *Faust ab.*   1850
MEPHISTOPHELES *in Fausts langem Kleide.*
Verachte nur Vernunft und Wissenschaft,
Des Menschen allerhöchste Kraft,
Lass nur in Blend- und Zauberwerken
Dich von dem Lügengeist bestärken,
So hab ich dich schon unbedingt –   1855
Ihm hat das Schicksal einen Geist gegeben,
Der ungebändigt immer vorwärtsdringt
Und dessen übereiltes Streben
Der Erde Freuden überspringt.
Den schlepp ich durch das wilde Leben,   1860
Durch flache Unbedeutenheit,
Er soll mir zappeln, starren, kleben
Und seiner Unersättlichkeit
Soll Speis und Trank vor gier'gen Lippen schweben;
Er wird Erquickung sich umsonst erflehn,   1865

1837 *ennuyieren*: frz. ennuyer „langweilen"
1838 *Wanst*: Bauch; der Beleibte
1839 *Stroh...dreschen*: Stroh ist bereits gedroschen, enthält kein Korn mehr
1851 f. *Vernunft ... Kraft*: vgl. dagegen Mephistos Äußerungen im **Prolog**, 283 ff.
1855 *unbedingt*: ohne Bedingung, also auch ohne den eben geschlossenen Wett-Vertrag
(vgl. auch 1866)
1862 *zappeln ... kleben*: wie ein Insekt auf der Leimrute, dem Fliegenfänger
1864 *Speis ... schweben*: Anspielung auf Tantalus, eine Figur der griechischen Mythologie, den
die Götter dadurch bestraften, dass er – bis zum Hals im Wasser stehend – unerträglichen Durst,
dazu Hunger leiden muss, weil Wasser und Früchte vor ihm zurückweichen.

Und hätt er sich auch nicht dem Teufel übergeben,
Er müsste doch zugrunde gehn!

Ein SCHÜLER tritt auf.

SCHÜLER. Ich bin allhier erst kurze Zeit
Und komme voll Ergebenheit
Einen Mann zu sprechen und zu kennen, 1870
Den alle mir mit Ehrfucht nennen.
MEPHISTOPHELES. Eure Höflichkeit erfreut mich sehr!
Ihr seht einen Mann wie andre mehr.
Habt Ihr Euch sonst schon umgetan?
SCHÜLER. Ich bitt Euch, nehmt Euch meiner an! 1875
Ich komme mit allem guten Mut,
Leidlichem Geld und frischem Blut;
Meine Mutter wollte mich kaum entfernen;
Möchte gern was Rechts hieraußen lernen.
MEPHISTOPHELES. Da seid Ihr eben recht am Ort. 1880
SCHÜLER. Aufrichtig, möchte schon wieder fort:
In diesen Mauern, diesen Hallen
Will es mir keineswegs gefallen.
Es ist ein gar beschränkter Raum,
Man sieht nichts Grünes, keinen Baum, 1885
Und in den Sälen, auf den Bänken,
Vergeht mir Hören, Sehn und Denken.
MEPHISTOPHELES. Das kommt nur auf Gewohnheit an.
So nimmt ein Kind der Mutter Brust
Nicht gleich im Anfang willig an, 1890
Doch bald ernährt es sich mit Lust.
So wird's Euch an der Weisheit Brüsten
Mit jedem Tage mehr gelüsten.
SCHÜLER. An ihrem Hals will ich mit Freuden hangen;
Doch sagt mir nur, wie kann ich hingelangen? 1895
MEPHISTOPHELES. Erklärt Euch, eh Ihr weitergeht,
Was wählt Ihr für eine Fakultät?

---

vor 1868 *Schüler*: Student (so auch im *Urfaust*)
1868–2050: Die „Schülerszene" als Universitätssatire findet sich in sprachlich drastischerer
Form bereits im *Urfaust*. Sie geht auf Goethes Erfahrungen während seiner Studentenzeit in
Leipzig zurück und beschließt in *Faust I* als eine Art Satyrspiel die sog. Gelehrtentragödie. Der
satirische Charakter wird unterstrichen durch die „leiernden" Knittelverse des Schülers, denen
der Professor, Mephisto, sich auf weite Strecken anpasst. Daneben stehen Madrigalverse.
1892 *Weisheit Brüsten*: erinnert an die erst später aufgekommene Bezeichnung der Universität
als „alma mater" (nährende Mutter)

SCHÜLER. Ich wünschte recht gelehrt zu werden
Und möchte gern, was auf der Erden
Und in dem Himmel ist, erfassen, 1900
Die Wissenschaft und die Natur.
MEPHISTOPHELES. Da seid Ihr auf der rechten Spur;
Doch müsst Ihr Euch nicht zerstreuen lassen.
SCHÜLER. Ich bin dabei mit Seel und Leib;
Doch freilich würde mir behagen 1905
Ein wenig Freiheit und Zeitvertreib
An schönen Sommerfeiertagen.
MEPHISTOPHELES. Gebraucht der Zeit, sie geht so schnell von hinnen,
Doch Ordnung lehrt Euch Zeit gewinnen.
Mein teurer Freund, ich rat Euch drum 1910
Zuerst Collegium Logicum.
Da wird der Geist Euch wohl dressiert,
In spanische Stiefeln eingeschnürt,
Dass er bedächtiger so fortan
Hinschleiche die Gedankenbahn 1915
Und nicht etwa, die Kreuz und Quer,
Irrlichteliere hin und her.
Dann lehret man Euch manchen Tag,
Dass, was Ihr sonst auf einen Schlag
Getrieben, wie Essen und Trinken frei, 1920
Eins! Zwei! Drei! dazu nötig sei.
Zwar ist's mit der Gedankenfabrik
Wie mit einem Weber-Meisterstück,
Wo ein Tritt tausend Fäden regt,

1898 ff. „Dumpfes warmes wissenschaftliches Streben – Schüler", so charakterisiert Goethe diese Figur in dem wahrscheinlich 1800 entstandenen *Faust*-„Schema" (1. Paralipomenon); vgl. dagegen Wagner (Anm. zu 522 ff.).
1903: Das „holprige" Metrum scheint den Inhalt – *zerstreuen* – zu unterstreichen.
1911 *Collegium Logicum*: Noch zu Goethes Studienzeit in Leipzig mussten Studierende aller Fachrichtungen zuerst eine Art Grundstudium an der Philosophischen Fakultät absolvieren. „In der Logik kam es mir wunderlich vor, dass ich diejenigen Geistesoperationen, die ich von Jugend auf mit der größten Bequemlichkeit verrichtete, so auseinanderzerren, vereinzeln und gleichsam zerstören sollte, um den rechten Gebrauch derselben einzusehen", schreibt Goethe in *Dichtung und Wahrheit*, 6. Buch.
1913 *spanische Stiefeln*: Folterinstrument, das die Beine mit eisernen Schienen zusammenpresst
1917 *Irrlichteliere*: wie ein Irrlicht hin und her springe
1923 ff. *Weber-Meisterstück*: Durch einen *Tritt* des Webers wird die „Kette" (Längsfäden) auf- und abbewegt; mit der Hand wird das *Schifflein* (mit dem „Einschlag", den auf eine Spule gewickelten Querfäden) *herüber* und *hinüber* geworfen, sodass ein Gewebe (*tausend Verbindungen*) entsteht.

Die Schifflein herüber hinüber schießen,   1925
Die Fäden ungesehen fließen,
Ein Schlag tausend Verbindungen schlägt:
Der Philosoph, der tritt herein
Und beweist Euch, es müsst so sein:
Das Erst wär so, das Zweite so   1930
Und drum das Dritt und Vierte so,
Und wenn das Erst und Zweit nicht wär,
Das Dritt und Viert wär nimmermehr.
Das preisen die Schüler aller Orten,
Sind aber keine Weber geworden.   1935
Wer will was Lebendigs erkennen und beschreiben,
Sucht erst den Geist herauszutreiben,
Dann hat er die Teile in seiner Hand,
Fehlt leider! nur das geistige Band.
Encheiresin naturae nennt's die Chemie,   1940
Spottet ihrer selbst und weiß nicht wie.
SCHÜLER. Kann Euch nicht eben ganz verstehen.
MEPHISTOPHELES. Das wird nächstens schon besser gehen,
    Wenn Ihr lernt alles reduzieren
    Und gehörig klassifizieren.   1945
SCHÜLER. Mir wird von alledem so dumm,
    Als ging' mir ein Mühlrad im Kopf herum.
MEPHISTOPHELES. Nachher, vor allen andern Sachen,
    Müsst Ihr Euch an die Metaphysik machen!
Da seht, dass Ihr tiefsinnig fasst,   1950
Was in des Menschen Hirn nicht passt;
Für was dreingeht und nicht dreingeht,
Ein prächtig Wort zu Diensten steht.
Doch vorerst dieses halbe Jahr
Nehmt ja der besten Ordnung wahr.   1955
Fünf Stunden habt Ihr jeden Tag;
Seid drinnen mit dem Glockenschlag!
Habt Euch vorher wohl präpariert,

1940 *Encheiresin naturae*: griech./lat: Handgriff, Handhabung der Natur, d. h. deren „Kunstgriff", das *geistige Band*; Kritik an einer zergliedernden, Substanzen in ihre Teile zerlegenden Naturwissenschaft, auf Vorlesungen des Chemikers Spielmann zurückgehend, die Goethe während seiner Straßburger Studienzeit hörte
1944 f. *reduzieren ... klassifizieren*: auf (abstrakte) Prinzipien zurückführen und in ein System einordnen
1949 *Metaphysik*: das über die Natur (griech. physis) Hinausgehende, das Übersinnliche;
↑ Glossar

Paragraphos wohl einstudiert,
Damit Ihr nachher besser seht,   1960
Dass er nichts sagt, als was im Buche steht;
Doch Euch des Schreibens ja befleißt,
Als diktiert' Euch der Heilig Geist!
SCHÜLER. Das sollt Ihr mir nicht zweimal sagen!
Ich denke mir, wie viel es nützt;   1965
Denn, was man schwarz auf weiß besitzt,
Kann man getrost nach Hause tragen.
MEPHISTOPHELES. Doch wählt mir eine Fakultät!
SCHÜLER. Zur Rechtsgelehrsamkeit kann ich mich nicht bequemen.
MEPHISTOPHELES. Ich kann es Euch so sehr nicht übel nehmen,   1970
Ich weiß, wie es um diese Lehre steht.
Es erben sich Gesetz' und Rechte
Wie eine ew'ge Krankheit fort;
Sie schleppen von Geschlecht sich zum Geschlechte
Und rücken sacht von Ort zu Ort.   1975
Vernunft wird Unsinn, Wohltat Plage;
Weh dir, dass du ein Enkel bist!
Vom Rechte, das mit uns geboren ist,
Von dem ist leider! nie die Frage.
SCHÜLER. Mein Abscheu wird durch Euch vermehrt.   1980
O glücklich der, den Ihr belehrt!
Fast möcht ich nun Theologie studieren.
MEPHISTOPHELES. Ich wünschte nicht Euch irrezuführen.
Was diese Wissenschaft betrifft,
Es ist so schwer, den falschen Weg zu meiden,   1985
Es liegt in ihr so viel verborgnes Gift
Und von der Arzenei ist's kaum zu unterscheiden.
Am besten ist's auch hier, wenn Ihr nur einen hört
Und auf des Meisters Worte schwört.

1959 ff. *Paragraphos*: (lat. Akk. Pl.): Abschnitte der Lehrbücher, auf deren Erläuterung die Vorlesungen sich in der Regel beschränkten
1962 *Schreibens*: Mitschreibens, da die Studenten gewöhnlich keine Lehrbücher besaßen
1963 *diktiert'… Geist*: ironische Anspielung auf die Lehre von der Verbalinspiration, nach welcher der *Heilig Geist* den Menschen die biblischen Texte diktierte
1971–77: Mephisto spricht zunächst vom positiven, d. h. dem überkommenen Gesetzes- und Gewohnheitsrecht, das veränderten Verhältnissen nie angepasst und so zu *Unsinn* und *Plage* wurde.
1978 f. *Rechte … geboren*: das Naturrecht, das aus Vernunft und Natur sich ergebende, für alle Menschen gültige Recht, von dem – so behauptet Mephisto – *nie die Frage* (Rede) sei. Damit hat er Unrecht, denn das Verhältnis von natürlichem und positivem Recht war im 18. Jh. Gegenstand lebhafter Diskussion.
1986 f. *verborgnes Gift … Arzenei*: Ketzerei … Orthodoxie, d. h. rechte Lehre

Im Ganzen – haltet Euch an Worte!   1990
Dann geht Ihr durch die sichre Pforte
Zum Tempel der Gewissheit ein.
SCHÜLER. Doch ein Begriff muss bei dem Worte sein.
MEPHISTOPHELES. Schon gut! Nur muss man sich nicht allzu ängstlich quälen;
Denn eben wo Begriffe fehlen,   1995
Da stellt ein Wort zur rechten Zeit sich ein.
Mit Worten lässt sich trefflich streiten,
Mit Worten ein System bereiten,
An Worte lässt sich trefflich glauben,
Von einem Wort lässt sich kein Jota rauben.   2000
SCHÜLER. Verzeiht, ich halt Euch auf mit vielen Fragen,
Allein ich muss Euch noch bemühn.
Wollt Ihr mir von der Medizin
Nicht auch ein kräftig Wörtchen sagen?
Drei Jahr ist eine kurze Zeit   2005
Und, Gott! das Feld ist gar zu weit.
Wenn man einen Fingerzeig nur hat,
Lässt sich's schon eher weiter fühlen.
MEPHISTOPHELES *für sich.* Ich bin des trocknen Tons nun satt,
Muss wieder recht den Teufel spielen.   2010
Laut. Der Geist der Medizin ist leicht zu fassen;
Ihr durchstudiert die groß' und kleine Welt
Um es am Ende gehn zu lassen,
Wie's Gott gefällt.
Vergebens, dass Ihr ringsum wissenschaftlich schweift,   2015
Ein jeder lernt nur, was er lernen kann;
Doch der den Augenblick ergreift,
Das ist der rechte Mann.
Ihr seid noch ziemlich wohl gebaut,
An Kühnheit wird's Euch auch nicht fehlen,   2020
Und wenn Ihr Euch nur selbst vertraut,
Vertrauen Euch die andern Seelen.
Besonders lernt die Weiber führen;
Es ist ihr ewig Weh und Ach

1991 *sichre Pforte*: Abwandlung des Wortes von der „engen Pforte", die „zum Leben führet";
vgl. Anm. zu 52
1993 ff. *Begriff*: eine Vorstellung; vgl. dazu 2565 f.
2000 *Jota*: Anspielung auf den Wort-Streit um die Natur Christi, die an einem Jota (i) „hängt":
homo-usios (Gott wesens*gleich*) oder homoi-usios (Gott wesens*ähnlich*)
2012 *groß' und kleine Welt*: Makrokosmos (Weltall, Natur) und Mikrokosmos (Mensch), den,
nach Paracelsus, der Arzt nur heilen kann, wenn er jenen *durchstudiert* hat, weil beide gleich
strukturiert sind.

So tausendfach 2025
Aus einem Punkte zu kurieren,
Und wenn Ihr halbweg ehrbar tut,
Dann habt Ihr sie all unterm Hut.
Ein Titel muss sie erst vertraulich machen,
Dass Eure Kunst viel Künste übersteigt; 2030
Zum Willkomm tappt Ihr dann nach allen Siebensachen,
Um die ein andrer viele Jahre streicht,
Versteht das Pülslein wohl zu drücken
Und fasset sie, mit feurig schlauen Blicken,
Wohl um die schlanke Hüfte frei, 2035
Zu sehn, wie fest geschnürt sie sei.
SCHÜLER. Das sieht schon besser aus! Man sieht doch, wo und wie.
MEPHISTOPHELES. Grau, teurer Freund, ist alle Theorie
Und grün des Lebens goldner Baum.
SCHÜLER. Ich schwör Euch zu, mir ist's als wie ein Traum. 2040
Dürft ich Euch wohl ein andermal beschweren
Von Eurer Weisheit auf den Grund zu hören?
MEPHISTOPHELES. Was ich vermag, soll gern geschehn.
SCHÜLER. Ich kann unmöglich wieder gehn,
Ich muss Euch noch mein Stammbuch überreichen, 2045
Gönn Eure Gunst mir dieses Zeichen!
MEPHISTOPHELES. Sehr wohl. *Er schreibt und gibt's.*
SCHÜLER *liest.* Eritis sicut Deus, scientes bonum et malum.
Macht's ehrerbietig zu und empfiehlt sich.
MEPHISTOPHELES. Folg nur dem alten Spruch und meiner
Muhme, der Schlange,
Dir wird gewiss einmal bei deiner Gottähnlichkeit bange! 2050
FAUST tritt auf.
FAUST. Wohin soll es nun gehn?

2036 *geschnürt*: Frauen trugen eine Schnürbrust, ein Korsett, um die Taille besonders schmal erscheinen zu lassen. Zu festes Schnüren konnte Missempfindungen bis zur Ohnmacht hervorrufen.
2041 *beschweren*: behelligen, belästigen
2045 *Stammbuch*: Sitte seit der 2. Hälfte des 16. Jh.s, bedeutende Menschen um eine Eintragung in ein mitgeführtes Stammbuch zu bitten
2048 *Eritis ... malum*: Ihr werdet sein wie Gott und wissen, was gut und böse ist (1. Mose 3,5 der lat. Bibel, Vulgata). Mit diesem Satz verführt die Schlange im Paradies Eva, vom verbotenen Baum der Erkenntnis zu essen.

MEPHISTOPHELES.   Wohin es dir gefällt.
Wir sehn die kleine, dann die große Welt.
Mit welcher Freude, welchem Nutzen
Wirst du den Cursum durchschmarutzen!
FAUST. Allein bei meinem langen Bart   2055
Fehlt mir die leichte Lebensart.
Es wird mir der Versuch nicht glücken;
Ich wusste nie mich in die Welt zu schicken.
Vor andern fühl ich mich so klein;
Ich werde stets verlegen sein.   2060
MEPHISTOPHELES. Mein guter Freund, das wird sich alles geben;
Sobald du dir vertraust, sobald weißt du zu leben.
FAUST. Wie kommen wir denn aus dem Haus?
Wo hast du Pferde, Knecht und Wagen?
MEPHISTOPHELES. Wir breiten nur den Mantel aus,   2065
Der soll uns durch die Lüfte tragen.
Du nimmst bei diesem kühnen Schritt
Nur keinen großen Bündel mit.
Ein bisschen Feuerluft, die ich bereiten werde,
Hebt uns behend von dieser Erde.   2070
Und sind wir leicht, so geht es schnell hinauf;
Ich gratuliere dir zum neuen Lebenslauf!

2052 *kleine ... große Welt*: im Gegensatz zu 2012 hier die – auch räumlich – beschränkte, (klein-)
bürgerliche Welt des I. Teils, besonders die der Margarete; dann die – auch räumlich und zeitlich – weite, höfisch-staatliche Welt im II. Teil
2054 *Cursum durchschmarutzen*: Kurs, Lehrgang schmarotzend (auf Kosten anderer) genießen
2055 *langen Bart*: Zeichen äußerer Vernachlässigung des weltfremden Gelehrten; zugleich vor-
ausweisende Motivierung der Verjüngung in der **Hexenküche**
2065 *Mantel*: Zaubermantel, vgl. 1122
2069 *Feuerluft*: 1782/83 hatten die Brüder Montgolfier den ersten Heißluftballon, die Montgol-
fière, aufsteigen lassen; Goethe interessierte sich sehr dafür, berichtet 1784 von ähnlichen Versu-
chen in Weimar.

AUERBACHS KELLER IN LEIPZIG

Zeche lustiger Gesellen.

FROSCH. Will keiner trinken? keiner lachen?
Ich will euch lehren Gesichter machen!
Ihr seid ja heut wie nasses Stroh   2075
Und brennt sonst immer lichterloh.
BRANDER. Das liegt an dir; du bringst ja nichts herbei,
Nicht eine Dummheit, keine Sauerei.
FROSCH *gießt ihm ein Glas Wein über den Kopf.*
Da hast du beides!
BRANDER.   Doppelt Schwein!
FROSCH. Ihr wollt es ja, man soll es sein!   2080
SIEBEL. Zur Tür hinaus, wer sich entzweit!
Mit offner Brust singt Runda, sauft und schreit!
Auf! Holla! Ho!
ALTMAYER.   Weh mir, ich bin verloren!
Baumwolle her! der Kerl sprengt mir die Ohren.
SIEBEL. Wenn das Gewölbe widerschallt,   2085
Fühlt man erst recht des Basses Grundgewalt.
FROSCH. So recht, hinaus mit dem, der etwas übel nimmt!
A! tara lara da!
ALTMAYER. A! tara lara da!
FROSCH.   Die Kehlen sind gestimmt.
Singt. Das liebe Heil'ge Röm'sche Reich,   2090
Wie hält's nur noch zusammen?
BRANDER. Ein garstig Lied! Pfui! ein politisch Lied,

Auerbachs Keller ... : in Prosa bereits im *Urfaust*, in Versen im *Fragment* von 1790. Goethe
kannte Auerbachs Keller, den er in seiner Leipziger Studienzeit häufig besucht hatte. Ab etwa
1625 war der Keller mit Szenen aus den Faust-Volksbüchern ausgemalt, so dem auf einem
Weinfass reitenden Faust (2330). G. verwandelt in dieser Szene die Bilder zurück in das –
gespielte – Leben.
vor 2073 *Zeche:* Gelage
2073 ff. *Frosch, Brander, Siebel, Altmayer:* sprechende Namen aus dem Studentenmilieu, so
Frosch = Studienanfänger, Schüler; Brander = Brandfuchs im 2. Semester; Siebel = älterer Student; Altmayer = „älterer Herr". Arens (214) widerspricht der Lesart dieser Figuren als Studenten, führt seinerseits jedoch keine Alternative an.
2082 *Runda:* Rundgesang, Sauflied
2084 *Baumwolle:* um die Ohren zu verstopfen
2090 *Das liebe ... Reich:* Spott auf das vielfach gespaltene und verfallene „Heilige Römische
Reich", das zur Zeit der Drucklegung des *Faust I* bereits (seit 1806) aufgelöst war, während es
1790 (*Faust. Ein Fragment*) noch bestand. So spiegelt die Textgeschichte Zeitgeschichte.
2092 f. *Ein garstig ... Lied!:* Hier gilt der Spott *Brander*, der spießbürgerlich politische Absti-
nenz verkündet.

Ein leidig Lied! Dankt Gott mit jedem Morgen,
Dass ihr nicht braucht fürs Röm'sche Reich zu sorgen!
Ich halt es wenigstens für reichlichen Gewinn,   2095
Dass ich nicht Kaiser oder Kanzler bin.
Doch muss auch uns ein Oberhaupt nicht fehlen;
Wir wollen einen Papst erwählen.
Ihr wisst, welch eine Qualität
Den Ausschlag gibt, den Mann erhöht.   2100
FROSCH *singt.* Schwing dich auf, Frau Nachtigall,
    Grüß mir mein Liebchen zehentausendmal.
SIEBEL. Dem Liebchen keinen Gruß! ich will davon nichts hören!
FROSCH. Dem Liebchen Gruß und Kuss! du wirst mir's nicht verwehren!
    Singt.   Riegel auf! in stiller Nacht.   2105
            Riegel auf! der Liebste wacht.
            Riegel zu! des Morgens früh.
SIEBEL. Ja, singe, singe nur und lob und rühme sie!
    Ich will zu meiner Zeit schon lachen.
    Sie hat mich angeführt, dir wird sie's auch so machen.   2110
    Zum Liebsten sei ein Kobold ihr beschert!
    Der mag mit ihr auf einem Kreuzweg schäkern;
    Ein alter Bock, wenn er vom Blocksberg kehrt,
    Mag im Galopp noch gute Nacht ihr meckern!
    Ein braver Kerl von echtem Fleisch und Blut   2115
    Ist für die Dirne viel zu gut.
    Ich will von keinem Gruße wissen,
    Als ihr die Fenster eingeschmissen!
BRANDER *auf den Tisch schlagend.*
    Passt auf! passt auf! Gehorchet mir!
    Ihr Herrn, gesteht, ich weiß zu leben;   2120
    Verliebte Leute sitzen hier
    Und diesen muss, nach Standsgebühr,
    Zur guten Nacht ich was zum Besten geben.
    Gebt Acht! Ein Lied vom neusten Schnitt!
    Und singt den Rundreim kräftig mit!   2125
    Er singt. Es war eine Ratt' im Kellernest,

2098 *Papst erwählen*: Brauch bei studentischen Trinkgelagen, bei deren Gelegenheit der Trink-
festeste ermittelt werden sollte
2101 *Schwing dich auf*: Liedanfang aus der Sammlung *Venus-Gärtlein* von 1639
2113 *Bock*: ein Teufel; Vorausdeutung auf **Hexenküche** und **Walpurgisnacht**
2125 *Rundreim*: gemeinsam gesungener Refrain
2126 *Es war eine Ratt'*: nach dem Modell der sog. „Lutherstrophe", die von diesem für Gemein-
delieder verwendet wurde. Der Vergleich eines Liebenden mit einer Ratte findet sich in einem
Brief G.s an Gräfin Auguste zu Stolberg (17. 9. 1775) auf ihn selbst bezogen.

Lebte nur von Fett und Butter,
Hatte sich ein Ränzlein angemäst't
Als wie der Doktor Luther.
Die Köchin hatt ihr Gift gestellt; 2130
Da ward's so eng ihr in der Welt,
Als hätte sie Lieb im Leibe.

CHORUS *jauchzend.* Als hätte sie Lieb im Leibe.

BRANDER. Sie fuhr herum, sie fuhr heraus
Und soff aus allen Pfützen, 2135
Zernagt', zerkratzt' das ganze Haus,
Wollte nichts ihr Wüten nützen;
Sie tät gar manchen Ängstesprung,
Bald hatte das arme Tier genung,
Als hätt es Lieb im Leibe. 2140

CHORUS. Als hätt es Lieb im Leibe.

BRANDER. Sie kam vor Angst am hellen Tag
Der Küche zugelaufen,
Fiel an den Herd und zuckt' und lag
Und tät erbärmlich schnaufen. 2145
Da lachte die Vergifterin noch:
Ha! sie pfeift auf dem letzten Loch,
Als hätte sie Lieb im Leibe.

CHORUS. Als hätte sie Lieb im Leibe.

SIEBEL. Wie sich die platten Bursche freuen! 2150
Es ist mir eine rechte Kunst,
Den armen Ratten Gift zu streuen!

BRANDER. Sie stehn wohl sehr in deiner Gunst?

ALTMAYER. Der Schmerbauch mit der kahlen Platte!
Das Unglück macht ihn zahm und mild; 2155
Er sieht in der geschwollnen Ratte
Sein ganz natürlich Ebenbild.

FAUST und MEPHISTOPHELES treten auf.

MEPHISTOPHELES. Ich muss dich nun vor allen Dingen
In lustige Gesellschaft bringen,
Damit du siehst, wie leicht sich's leben lässt. 2160
Dem Volke hier wird jeder Tag ein Fest.
Mit wenig Witz und viel Behagen
Dreht jeder sich im engen Zirkeltanz
Wie junge Katzen mit dem Schwanz.
Wenn sie nicht über Kopfweh klagen, 2165
Solang der Wirt nur weiter borgt,
Sind sie vergnügt und unbesorgt.

BRANDER. Die kommen eben von der Reise,
Man sieht's an ihrer wunderlichen Weise;
Sie sind nicht eine Stunde hier.   2170
FROSCH. Wahrhaftig, du hast Recht! Mein Leipzig lob ich mir!
Es ist ein klein Paris und bildet seine Leute.
SIEBEL. Für was siehst du die Fremden an?
FROSCH, Lass mich nur gehn! Bei einem vollen Glase
Zieh ich, wie einen Kinderzahn,   2175
Den Burschen leicht die Würmer aus der Nase.
Sie scheinen mir aus einem edlen Haus,
Sie sehen stolz und unzufrieden aus.
BRANDER. Marktschreier sind's gewiss, ich wette!
ALTMAYER. Vielleicht.
FROSCH.   Gib Acht, ich schraube sie!   2180
MEPHISTOPHELES *zu Faust.* Den Teufel spürt das Völkchen nie,
Und wenn er sie beim Kragen hätte.
FAUST. Seid uns gegrüßt, ihr Herrn!
SIEBEL.   Viel Dank zum Gegengruß.
Leise, Mephistopheles von der Seite ansehend.
Was hinkt der Kerl auf einem Fuß?
MEPHISTOPHELES. Ist es erlaubt, uns auch zu euch zu setzen?   2185
Statt eines guten Trunks, den man nicht haben kann,
Soll die Gesellschaft uns ergetzen.
ALTMAYER. Ihr scheint ein sehr verwöhnter Mann.
FROSCH. Ihr seid wohl spät von Rippach aufgebrochen?
Habt ihr mit Herren Hans noch erst zu Nacht gespeist?   2190
MEPHISTOPHELES. Heut sind wir ihn vorbeigereist!
Wir haben ihn das letzte Mal gesprochen.
Von seinen Vettern wusst er viel zu sagen,
Viel Grüße hat er uns an jeden aufgetragen.
Er neigt sich gegen Frosch.
ALTMAYER *leise.* Da hast du's! der versteht's!
SIEBEL.   Ein pfiffiger Patron!   2195
FROSCH. Nun, warte nur, ich krieg ihn schon!
MEPHISTOPHELES. Wenn ich nicht irrte, hörten wir
Geübte Stimmen Chorus singen?

2172 *klein Paris*: auf Leipzig bezogener Topos des 18. Jh.s, von G. auch anderweitig verwendet
2180 *schraube*: Anspielung auf das Folterwerkzeug der Daumenschrauben
2184 *Was hinkt ... Fuß*: er hinkt aufgrund der Ungleichheit der Füße; Pferdefuß
2189 *von Rippach*: Hans Arsch von Rippach, in der Leipziger Gegend im 18. Jh. verbreiteter Schimpfname

Gewiss, Gesang muss trefflich hier
Von dieser Wölbung widerklingen!   2200
FROSCH. Seid Ihr wohl gar ein Virtuos?
MEPHISTOPHELES. O nein! die Kraft ist schwach, allein die Lust ist groß.
ALTMAYER. Gebt uns ein Lied!
MEPHISTOPHELES.   Wenn ihr begehrt, die Menge.
SIEBEL. Nur auch ein nagelneues Stück!
MEPHISTOPHELES. Wir kommen erst aus Spanien zurück,   2205
Dem schönen Land des Weins und der Gesänge.
Singt.   Es war einmal ein König,
                Der hatt einen großen Floh –
FROSCH. Horcht! Einen Floh! Habt ihr das wohl gefasst?
Ein Floh ist mir ein saubrer Gast.   2210
MEPHISTOPHELES *singt.* Es war einmal ein König,
                Der hatt einen großen Floh,
                Den liebt' er gar nicht wenig
                Als wie seinen eignen Sohn.
                Da rief er seinen Schneider,   2215
                Der Schneider kam heran:
                Da, miss dem Junker Kleider
                Und miss ihm Hosen an!
BRANDER. Vergesst nur nicht dem Schneider einzuschärfen,
                Dass er mir aufs Genauste misst   2220
                Und dass, so lieb sein Kopf ihm ist,
                Die Hosen keine Falten werfen!
MEPHISTOPHELES. In Sammet und in Seide
                War er nun angetan,
                Hatte Bänder auf dem Kleide,   2225
                Hatt auch ein Kreuz daran
                Und war sogleich Minister
                Und hatt einen großen Stern.
                Da wurden seine Geschwister
                Bei Hof auch große Herrn.   2230
                Und Herrn und Fraun am Hofe,
                Die waren sehr geplagt,
                Die Königin und die Zofe
                Gestochen und genagt
                Und durften sie nicht knicken   2235

2207 *Es war einmal …*: sog. „Hildebrandsstrophe" der spätmittelalterlichen Heldenepik, im 18.
Jh. häufig für gesellige Lieder benutzt. Das Lied ist weniger eine „Satire auf den parasitären Feu-
dalabsolutismus" (Erler 820) denn eine Selbstpersiflage G.s aufgrund seiner Rolle am Weimarer
Hof. Die frz. Revolution vermittelte dem Lied zeitgeschichtliche Brisanz.

Und weg sie jucken nicht.
Wir knicken und ersticken
Doch gleich, wenn einer sticht.
CHORUS *jauchzend.* Wir knicken und ersticken
Doch gleich, wenn einer sticht. 2240
FROSCH. Bravo! Bravo! Das war schön!
SIEBEL. So soll es jedem Floh ergehn!
BRANDER. Spitzt die Finger und packt sie fein!
ALTMAYER. Es lebe die Freiheit! Es lebe der Wein!
MEPHISTOPHELES. Ich tränke gern ein Glas, die Freiheit hoch zu ehren, 2245
Wenn eure Weine nur ein bisschen besser wären.
SIEBEL. Wir mögen das nicht wieder hören!
MEPHISTOPHELES. Ich fürchte nur, der Wirt beschweret sich;
Sonst gäb ich diesen werten Gästen
Aus unserm Keller was zum Besten. 2250
SIEBEL. Nur immer her! ich nehm's auf mich.
FROSCH. Schafft Ihr ein gutes Glas, so wollen wir Euch loben.
Nur gebt nicht gar zu kleine Proben;
Denn wenn ich judizieren soll,
Verlang ich auch das Maul recht voll. 2255
ALTMAYER *leise.* Sie sind vom Rheine, wie ich spüre.
MEPHISTOPHELES. Schafft einen Bohrer an!
BRANDER.   Was soll mit dem geschehn?
Ihr habt doch nicht die Fässer vor der Türe?
ALTMAYER. Dahinten hat der Wirt ein Körbchen Werkzeug stehn.
MEPHISTOPHELES *nimmt den Bohrer. Zu Frosch.*
Nun sagt, was wünschet Ihr zu schmecken? 2260
FROSCH. Wie meint Ihr das? Habt Ihr so mancherlei?
MEPHISTOPHELES. Ich stell es einem jeden frei.
ALTMAYER *zu Frosch.* Aha! du fängst schon an die Lippen abzulecken.
FROSCH. Gut! wenn ich wählen soll, so will ich Rheinwein haben.
Das Vaterland verleiht die allerbesten Gaben. 2265
MEPHISTOPHELES *indem er an dem Platz, wo Frosch sitzt, ein Loch
in den Tischrand bohrt.*
Verschafft ein wenig Wachs, die Pfropfen gleich zu machen!
ALTMAYER. Ach, das sind Taschenspielersachen.
MEPHISTOPHELES *zu Brander.* Und Ihr?
BRANDER.   Ich will Champagner Wein
Und recht moussierend soll er sein!
*MEPHISTOPHELES bohrt; einer hat indessen die Wachspfropfen
gemacht und verstopft.*

2254 *judizieren:* beurteilen, bewerten

BRANDER Man kann nicht stets das Fremde meiden,   2270
Das Gute liegt uns oft so fern.
Ein echter deutscher Mann mag keinen Franzen leiden,
Doch ihre Weine trinkt er gern.
SIEBEL *indem sich Mephistopheles seinem Platze nähert.*
Ich muss gestehn, den sauern mag ich nicht,
Gebt mir ein Glas vom echten süßen!   2275
MEPHISTOPHELES *bohrt.* Euch soll sogleich Tokayer fließen.
ALTMAYER. Nein, Herren, seht mir ins Gesicht!
Ich seh es ein, ihr habt uns nur zum Besten.
MEPHISTOPHELES. Ei! Ei! Mit solchen edlen Gästen
Wär es ein bisschen viel gewagt.   2280
Geschwind! Nur grad heraus gesagt!
Mit welchem Weine kann ich dienen?
ALTMAYER. Mit jedem! Nur nicht lang gefragt.
Nachdem die Löcher alle gebohrt und verstopft sind.
MEPHISTOPHELES *mit seltsamen Gebärden.*
Trauben trägt der Weinstock!
Hörner der Ziegenbock;   2285
Der Wein ist saftig, Holz die Reben,
Der hölzerne Tisch kann Wein auch geben.
Ein tiefer Blick in die Natur!
Hier ist ein Wunder, glaubet nur!
Nun zieht die Pfropfen und genießt!   2290
ALLE *indem sie die Pfropfen ziehen und jedem der verlangte Wein ins Glas läuft.*
O schöner Brunnen, der uns fließt!
MEPHISTOPHELES. Nur hütet euch, dass ihr mir nichts vergießt!
Sie trinken wiederholt.
ALLE *singen.* Uns ist ganz kannibalisch wohl
Als wie fünfhundert Säuen!
MEPHISTOPHELES. Das Volk ist frei, seht an, wie wohl's ihm geht!   2295
FAUST. Ich hätte Lust, nun abzufahren.
MEPHISTOPHELES. Gib nur erst Acht, die Bestialität
Wird sich gar herrlich offenbaren.
SIEBEL *trinkt unvorsichtig, der Wein fließt auf die Erde und wird zur Flamme.*
Helft! Feuer! helft! Die Hölle brennt!

2272 *Franzen*: abschätzig: Franzosen
2284 *Trauben trägt …*: Modell des Kinderreims sowie inhaltliche Anspielung auf Kinderverse
2294 *Als wie fünfhundert Säuen!*: Anspielung auf Matth. 8, 28 f., wo auf Geheiß Jesu' die Teufel
aus den von ihnen Besessenen fahren, um in eine Sauherde überzugehen, die sich im Meer ersäuft

MEPHISTOPHELES *die Flamme besprechend.*

Sei ruhig, freundlich Element! 2300

Zu dem Gesellen.

Für diesmal war es nur ein Tropfen Fegefeuer.

SIEBEL. Was soll das sein? Wart! Ihr bezahlt es teuer!

Es scheinet, dass Ihr uns nicht kennt.

FROSCH. Lass Er uns das zum zweiten Male bleiben!

ALTMAYER. Ich dächt, wir hießen ihn ganz sachte seitwärts gehn. 2305

SIEBEL. Was, Herr? Er will sich unterstehn

Und hier sein Hokuspokus treiben?

MEPHISTOPHELES. Still, altes Weinfass!

SIEBEL. Besenstiel!

Du willst uns gar noch grob begegnen?

BRANDER. Wart nur, es sollen Schläge regnen! 2310

ALTMAYER *zieht einen Pfropf aus dem Tisch, es springt ihm Feuer entgegen.*

Ich brenne! ich brenne!

SIEBEL. Zauberei!

Stoßt zu! der Kerl ist vogelfrei!

Sie ziehen die Messer und gehn auf Mephistopheles los.

MEPHISTOPHELES *mit ernsthafter Gebärde.*

Falsch Gebild und Wort

Verändern Sinn und Ort!

Seid hier und dort! 2315

Sie stehn erstaunt und sehn einander an.

ALTMAYER. Wo bin ich? Welches schöne Land!

FROSCH. Weinberge! Seh ich recht?

SIEBEL. Und Trauben gleich zur Hand!

BRANDER. Hier unter diesem grünen Laube,

Seht, welch ein Stock! Seht, welche Traube!

*Er fasst Siebeln bei der Nase. Die andern tun es wechselseitig
und heben die Messer.*

MEPHISTOPHELES *wie oben.* Irrtum, lass los der Augen Band! 2320

Und merkt euch, wie der Teufel spaße.

Er verschwindet mit Faust, die Gesellen fahren auseinander.

SIEBEL. Was gibt's?

ALTMAYER. Wie?

FROSCH. War das deine Nase?

BRANDER *zu Siebel.* Und deine hab ich in der Hand!

2300 *freundlich Element:* aus der Perspektive des Teufels ein strafendes, reinigendes *Fegefeuer*
nach 2315 *Sie stehn erstaunt …:* Sie erleben eine täuschende Vision, in der sie einander mit Wein-
stöcken verwechseln.

ALTMAYER. Es war ein Schlag, der ging durch alle Glieder!
Schafft einen Stuhl, ich sinke nieder! 2325
FROSCH. Nein, sagt mir nur, was ist geschehn?
SIEBEL. Wo ist der Kerl? Wenn ich ihn spüre,
Er soll mir nicht lebendig gehn!
ALTMAYER. Ich hab ihn selbst hinaus zur Kellertüre –
Auf einem Fasse reiten sehn – – 2330
Es liegt mir bleischwer in den Füßen.
Sich nach dem Tische wendend.
Mein! Sollte wohl der Wein noch fließen?
SIEBEL. Betrug war alles, Lug und Schein.
FROSCH. Mir deuchte doch, als tränk ich Wein.
BRANDER. Aber wie war es mit den Trauben? 2335
ALTMAYER. Nun sag mir eins, man soll kein Wunder glauben!

HEXENKÜCHE

Auf einem niedrigen Herde steht ein großer Kessel über dem Feuer. In dem Dampfe, der davon in die Höhe steigt, zeigen sich verschiedene Gestalten. Eine MEERKATZE sitzt bei dem Kessel und schäumt ihn und sorgt, dass er nicht überläuft. Der MEERKATER mit den Jungen sitzt darneben und wärmt sich. Wände und Decke sind mit dem seltsamsten Hexenhausrat ausgeschmückt.
FAUST. MEPHISTOPHELES.
FAUST. Mir widersteht das tolle Zauberwesen!
Versprichst du mir, ich soll genesen
In diesem Wust von Raserei?
Verlang ich Rat von einem alten Weibe? 2340
Und schafft die Sudelköcherei
Wohl dreißig Jahre mir vom Leibe?
Weh mir, wenn du nichts Bessers weißt!

Hexenküche: entstanden im Frühjahr 1788 im Garten der Villa Borghese in Rom; bis auf die Verse 2366–77 und 2390–93, die in der *Fragment*-Fassung von 1790 noch nicht enthalten sind, ist die Szene auf die Zeit vor 1790 zu datieren, wobei Arens (224) vermutet, die Verse 2448–64 könnten im Herbst 1789 in Weimar eingearbeitet worden sein, nach dem Beginn also der frz. Revolution, auf die sie ja anspielen. Die Szene operiert mit dem Gegensatz von Schein und Sein, Illusion und Wirklichkeit, Imagination und Realem, wobei sich die überlieferten Zuordnungen durchgängig verkehren. Auch der Gesamtablauf der Szene scheint auf den Kopf gestellt: Faust sieht bereits zu Beginn (2429 ff.) das Objekt seines Begehrens, während er doch erst am Ende, wenn überhaupt, den Verjüngungstrunk der Hexe zu sich nimmt.
vor 2337 *Meerkatze*: Affenart; nach Luther ist der Satan in ihr verborgen
schäumt ihn: schöpft den Schaum ab

Schon ist die Hoffnung mir verschwunden.
Hat die Natur und hat ein edler Geist   2345
Nicht irgendeinen Balsam ausgefunden?
MEPHISTOPHELES. Mein Freund, nun sprichst du wieder klug!
Dich zu verjüngen gibt's auch ein natürlich Mittel;
Allein es steht in einem andern Buch
Und ist ein wunderlich Kapitel.   2350
FAUST. Ich will es wissen.
MEPHISTOPHELES.   Gut! Ein Mittel, ohne Geld
Und Arzt und Zauberei zu haben:
Begib dich gleich hinaus aufs Feld,
Fang an zu hacken und zu graben,
Erhalte dich und deinen Sinn   2355
In einem ganz beschränkten Kreise,
Ernähre dich mit ungemischter Speise,
Leb mit dem Vieh als Vieh und acht es nicht für Raub,
Den Acker, den du erntest, selbst zu düngen;
Das ist das beste Mittel, glaub,   2360
Auf achtzig Jahr dich zu verjüngen!
FAUST. Das bin ich nicht gewöhnt, ich kann mich nicht bequemen
Den Spaten in die Hand zu nehmen.
Das enge Leben steht mir gar nicht an.
MEPHISTOPHELES. So muss denn doch die Hexe dran.   2365
FAUST. Warum denn just das alte Weib!
Kannst du den Trank nicht selber brauen?
MEPHISTOPHELES. Das wär ein schöner Zeitvertreib!
Ich wollt indes wohl tausend Brücken bauen.
Nicht Kunst und Wissenschaft allein,   2370
Geduld will bei dem Werke sein.
Ein stiller Geist ist jahrelang geschäftig,
Die Zeit nur macht die feine Gärung kräftig.
Und alles, was dazu gehört,
Es sind gar wunderbare Sachen!   2375
Der Teufel hat sie's zwar gelehrt;
Allein der Teufel kann's nicht machen.
Die Tiere erblickend.

2349 *in einem andern Buch*: Anspielung wahrscheinlich auf ein Werk von G.s Arzt Christoph
Wilhelm Hufeland, in dem dieser die körperliche Arbeit in freier Luft und bei einfacher Ernäh-
rung als Mittel zur Verjüngung beschrieben hat. Hufelands Buch erschien erst 1796, doch soll er
bereits seit 1785 daran gearbeitet haben (Schöne 283)
2358 *acht es nicht für Raub*: halte es nicht für eine Zumutung
2361 *auf achtzig … verjüngen*: Arens (230) deutet: „um dich bis zum 80. Lebensjahr jung zu machen."

Sieh, welch ein zierliches Geschlecht!
Das ist die Magd! das ist der Knecht!
Zu den Tieren. Es scheint, die Frau ist nicht zu Hause?   2380
DIE TIERE. Beim Schmause,
Aus dem Haus
Zum Schornstein hinaus!
MEPHISTOPHELES. Wie lange pflegt sie wohl zu schwärmen?
DIE TIERE. So lange wir uns die Pfoten wärmen.   2385
MEPHISTOPHELES *zu Faust.* Wie findest du die zarten Tiere?
FAUST. So abgeschmackt, als ich nur jemand sah!
MEPHISTOPHELES. Nein, ein Diskurs wie dieser da
Ist grade der, den ich am liebsten führe!
Zu den Tieren. So sagt mir doch, verfluchte Puppen,   2390
Was quirlt ihr in dem Brei herum?
DIE TIERE. Wir kochen breite Bettelsuppen.
MEPHISTOPHELES. Da habt ihr ein groß Publikum.
DER KATER *macht sich herbei und schmeichelt dem Mephistopheles.*
O würfle nur gleich
Und mache mich reich   2395
Und lass mich gewinnen!
Gar schlecht ist's bestellt,
Und wär ich bei Geld,
So wär ich bei Sinnen.
MEPHISTOPHELES. Wie glücklich würde sich der Affe schätzen,   2400
Könnt er nur auch ins Lotto setzen!
Indessen haben die jungen Meerkätzchen mit einer großen Kugel
gespielt und rollen sie hervor.
DER KATER. Das ist die Welt;
Sie steigt und fällt
Und rollt beständig;
Sie klingt wie Glas –   2405
Wie bald bricht das!
Ist hohl inwendig.
Hier glänzt sie sehr

2387 *So abgeschmackt ...*: Faust fühlt sich in der Hexenküche ähnlich unwohl und deplaziert wie
in Auerbachs Keller.
2392 *breite Bettelsuppen*: wörtlich „verdünnte Suppen für Arme", übertragen „seichte Unter-
haltung für das große *Publikum"*
2394 *O würfle ...* : Meerkatzen sind bekannt für ihre Spiellaune.
2402 *Das ist die Welt*: Hier nur an die Welt als tönerne Kugel und das Unbeständigkeits-Sinnbild
des Rades der Fortuna zu denken (Schöne 284) scheint zu wenig. Die innere Hohlheit verweist
auf Unbeständigkeit nicht nur des Glücks, sondern der Welt selbst.

Und hier noch mehr:
Ich bin lebendig! 2410
Mein lieber Sohn,
Halt dich davon!
Du musst sterben!
Sie ist von Ton,
Es gibt Scherben. 2415
MEPHISTOPHELES. Was soll das Sieb?
DER KATER *holt es herunter.* Wärst du ein Dieb,
Wollt ich dich gleich erkennen.
Er läuft zur Kätzin und lässt sie durchsehen.
Sieh durch das Sieb!
Erkennst du den Dieb 2420
Und darfst ihn nicht nennen?
MEPHISTOPHELES *sich dem Feuer nähernd.* Und dieser Topf?
KATER und KÄTZIN. Der alberne Tropf!
Er kennt nicht den Topf,
Er kennt nicht den Kessel! 2425
MEPHISTOPHELES. Unhöfliches Tier!
DER KATER. Den Wedel nimm hier
Und setz dich in Sessel!
Er nötigt den Mephistopheles zu sitzen.
FAUST *welcher diese Zeit über vor einem Spiegel gestanden, sich ihm
bald genähert, bald sich von ihm entfernt hat.*
Was seh ich? Welch ein himmlisch Bild
Zeigt sich in diesem Zauberspiegel! 2430
O Liebe, leihe mir den schnellsten deiner Flügel
Und führe mich in ihr Gefild!
Ach wenn ich nicht auf dieser Stelle bleibe,
Wenn ich es wage, nah zu gehn,
Kann ich sie nur als wie im Nebel sehn! – 2435
Das schönste Bild von einem Weibe!
Ist's möglich, ist das Weib so schön?
Muss ich an diesem hingestreckten Leibe

2413, 2415: Zu beachten ist das Durchbrechen des Versmaßes. Aus dem Jambus wird hier ein
Trochäus.
2416 *Was soll das Sieb?*: Ein aufgehängtes Sieb – als magisches Requisit – begann sich zu drehen,
wenn der Name eines Schuldigen genannt wurde.
2427 *Wedel*: Staubwedel als Zepter Mephistos, der in seinem Sessel den Herrscher spielt
2430 *Zauberspiegel*: Im magischen Ritual lässt der *Zauberspiegel* das Bild der Geliebten erscheinen. Hier kommt hinzu, dass der Spiegel als Projektionsfläche der Wünsche und Bedürfnisse
Fausts gelten kann, der sich durch sie zum jungen Leben selbst erweckt.

Den Inbegriff von allen Himmeln sehn?
So etwas findet sich auf Erden? 2440
MEPHISTOPHELES. Natürlich, wenn ein Gott sich erst sechs Tage plagt
Und selbst am Ende Bravo sagt,
Da muss es was Gescheites werden.
Für diesmal sieh dich immer satt;
Ich weiß dir so ein Schätzchen auszuspüren 2445
Und selig, wer das gute Schicksal hat
Als Bräutigam sie heimzuführen!
FAUST sieht immerfort in den Spiegel. MEPHISTOPHELES, sich in dem
Sessel dehnend und mit dem Wedel spielend, fährt fort zu sprechen.
Hier sitz ich wie der König auf dem Throne,
Den Zepter halt ich hier, es fehlt nur noch die Krone.
DIE TIERE *welche bisher allerlei wunderliche Bewegungen durcheinander gemacht*
haben, bringen dem Mephistopheles eine Krone mit großem Geschrei.
O sei doch so gut 2450
Mit Schweiß und mit Blut
Die Krone zu leimen!
Sie gehn ungeschickt mit der Krone um und zerbrechen sie in
zwei Stücke, mit welchen sie herumspringen.
Nun ist es geschehn!
Wir reden und sehn,
Wir hören und reimen – 2455
FAUST *gegen den Spiegel.* Weh mir! ich werde schier verrückt.
MEPHISTOPHELES *auf die Tiere deutend.*
Nun fängt mir an fast selbst der Kopf zu schwanken.
DIE TIERE. Und wenn es uns glückt
Und wenn es sich schickt,
So sind es Gedanken! 2460
FAUST *wie oben.* Mein Busen fängt mir an zu brennen!
Entfernen wir uns nur geschwind!

2441 *wenn ein Gott*: blasphemischer Rekurs auf die Schöpfungsgeschichte (1. Mose 1,31)
2445 *so ein Schätzchen*: Vorausdeutung auf die Margarete-Handlung, hier jedoch vollständig ins
Ehrbar-Kleinbürgerliche gewendet
2448 *wie der König auf dem Throne*: zeitgeschichtlicher Bezug zur frz. Revolution. Wie die
nachfolgenden Verse (2450 ff.) zeigen, handelt es sich nicht um eine zerbrochene Krone, sondern die Tiere zerbrechen sie, indem sie sie Mephisto darreichen, der sie *leimen* soll, wiewohl sie
noch nicht zerbrochen ist. Eine groteske Verkehrung von Grund und Folge.
2456 f. *Weh mir! ... schwanken*: parallele Reaktionen Fausts und Mephistos, des einen aufgrund
erotischer Verwirrung (Faust), des anderen wegen der politischen Verkehrungen (Mephisto)
2461 *Mein Busen ... brennen!*: Fausts *Busen* brennt bereits, bevor (Szenenanweisung vor 2465)
der Kessel überläuft und die Flamme entsteht!

94

MEPHISTOPHELES *in obiger Stellung.*
Nun, wenigstens muss man bekennen,
Dass es aufrichtige Poeten sind.
Der Kessel, welchen die Kätzin bisher außer Acht gelassen, fängt an überzulau-
fen; es entsteht eine große Flamme, welche zum Schornstein hinausschlägt. Die
HEXE *kommt durch die Flamme mit entsetzlichem Geschrei heruntergefahren.*
DIE HEXE. Au! Au! Au! Au!   2465
Verdammtes Tier! verfluchte Sau!
Versäumst den Kessel, versengst die Frau!
Verfluchtes Tier! *Faust und Mephistopheles erblickend.*
Was ist das hier?
Wer seid ihr hier?   2470
Was wollt ihr da?
Wer schlich sich ein?
Die Feuerpein
Euch ins Gebein!
Sie fährt mit dem Schaumlöffel in den Kessel und spritzt Flammen
nach Faust, Mephistopheles und den Tieren. Die Tiere winseln.
MEPHISTOPHELES *welcher den Wedel, den er in der Hand hält,*
umkehrt und unter die Gläser und Töpfe schlägt.
Entzwei! entzwei!   2475
Da liegt der Brei!
Da liegt das Glas!
Es ist nur Spaß,
Der Takt, du Aas,
Zu deiner Melodei.   2480
Indem die Hexe voll Grimm und Entsetzen zurücktritt.
Erkennst du mich? Gerippe! Scheusal du!
Erkennst du deinen Herrn und Meister?
Was hält mich ab, so schlag ich zu,
Zerschmettre dich und deine Katzengeister!
Hast du vorm roten Wams nicht mehr Respekt?   2485
Kannst du die Hahnenfeder nicht erkennen?
Hab ich dies Angesicht versteckt?
Soll ich mich etwa selber nennen?
DIE HEXE. O Herr, verzeiht den rohen Gruß!
Seh ich doch keinen Pferdefuß.   2490
Wo sind denn Eure beiden Raben?

2485 f. *roten Wams ... Hahnenfeder*: vgl. Mephistos Auftritt 1535 ff.
2491 *Eure beiden Raben?*: Die Hexe verwechselt hier Mephisto mit dem germanischen Götter-
vater Wotan, der von zwei Raben begleitet wurde.

MEPHISTOPHELES. Für diesmal kommst du so davon;
    Denn freilich ist es eine Weile schon,
    Dass wir uns nicht gesehen haben.
    Auch die Kultur, die alle Welt beleckt, 2495
    Hat auf den Teufel sich erstreckt;
    Das nordische Phantom ist nun nicht mehr zu schauen;
    Wo siehst du Hörner, Schweif und Klauen?
    Und was den Fuß betrifft, den ich nicht missen kann,
    Der würde mir bei Leuten schaden; 2500
    Darum bedien ich mich, wie mancher junge Mann,
    Seit vielen Jahren falscher Waden.
DIE HEXE *tanzend.* Sinn und Verstand verlier ich schier,
    Seh ich den Junker Satan wieder hier!
MEPHISTOPHELES. Den Namen, Weib, verbitt ich mir! 2505
DIE HEXE. Warum? Was hat er Euch getan?
MEPHISTOPHELES. Er ist schon lang ins Fabelbuch geschrieben;
    Allein die Menschen sind nichts besser dran,
    Den Bösen sind sie los, die Bösen sind geblieben.
    Du nennst mich Herr Baron, so ist die Sache gut; 2510
    Ich bin ein Kavalier, wie andre Kavaliere.
    Du zweifelst nicht an meinem edlen Blut;
    Sieh her, das ist das Wappen, das ich führe!
    Er macht eine unanständige Gebärde.
DIE HEXE *lacht unmäßig.* Ha! Ha! Das ist in Eurer Art!
    Ihr seid ein Schelm, wie Ihr nur immer wart! 2515
MEPHISTOPHELES *zu Faust.* Mein Freund, das lerne wohl verstehn!
    Dies ist die Art, mit Hexen umzugehn.
DIE HEXE. Nun sagt, ihr Herren, was ihr schafft.
MEPHISTOPHELES. Ein gutes Glas von dem bekannten Saft!
    Doch muss ich Euch ums Ältste bitten; 2520
    Die Jahre doppeln seine Kraft.
DIE HEXE. Gar gern! Hier hab ich eine Flasche,
    Aus der ich selbst zuweilen nasche,
    Die auch nicht mehr im mindsten stinkt;
    Ich will euch gern ein Gläschen geben. 2525

2502 *falscher Waden*: ausgestopfter Strümpfe; Mephisto geriert sich hier selbstironisch als Höfling, siehe auch 2507 ff.

vor 2514 *unanständige Gebärde*: G. lässt bewusst offen, welche. Erst die Kommentatoren haben ihre Phantasie angestrengt, um eine bestimmte Gebärde zu fixieren, so etwa Arens 246.

2518 *schafft*: befiehlt

Leise.
Doch wenn es dieser Mann unvorbereitet trinkt,
So kann er, wisst Ihr wohl, nicht eine Stunde leben.
MEPHISTOPHELES. Es ist ein guter Freund, dem es gedeihen soll;
Ich gönn ihm gern das Beste deiner Küche.
Zieh deinen Kreis, sprich deine Sprüche,   2530
Und gib ihm eine Tasse voll!
DIE HEXE, mit seltsamen Gebärden, zieht einen Kreis und stellt wunderbare Sachen hinein; indessen fangen die Gläser an zu klingen, die Kessel zu tönen, und machen Musik. Zuletzt bringt sie ein großes Buch, stellt die Meerkatzen in den Kreis, die ihr zum Pult dienen und die Fackel halten müssen. Sie winkt Fausten, zu ihr zu treten.
FAUST *zu Mephistopheles.* Nein, sage mir, was soll das werden?
Das tolle Zeug, die rasenden Gebärden,
Der abgeschmackteste Betrug,
Sind mir bekannt, verhasst genug.   2535
MEPHISTOPHELES. Ei Possen! Das ist nur zum Lachen;
Sei nur nicht ein so strenger Mann!
Sie muss als Arzt ein Hokuspokus machen,
Damit der Saft dir wohl gedeihen kann.
Er nötigt Fausten in den Kreis zu treten.
DIE HEXE *mit großer Emphase fängt an aus dem Buche zu deklamieren.*
            Du musst verstehn!   2540
            Aus Eins mach Zehn
            Und Zwei lass gehn
            Und Drei mach gleich,
            So bist du reich.
            Verlier die Vier!   2545
            Aus Fünf und Sechs,
            So sagt die Hex,
            Mach Sieben und Acht,
            So ist's vollbracht:
            Und Neun ist Eins   2550
            Und Zehn ist keins.
            Das ist das Hexen-Einmaleins.

2535 *bekannt, verhasst*: vom katholischen Mess-Ritual, das von der Hexe parodiert wird
2552 *Hexen-Einmaleins:* Schöne (286) verzichtet bewusst auf die Wiedergabe des Zahlenquadrats, weil das Spiel von G. als „Nonsens" verwendet worden sei. Das mag richtig sein, nur muss der „Sinn" bekannt sein, will man G.s Verkehrung des Sinns in Unsinn nachvollziehen.

10	2	3	15
0	7	8	15
5	6	4	15
15	15	15	

FAUST. Mich dünkt, die Alte spricht im Fieber.

MEPHISTOPHELES. Das ist noch lange nicht vorüber,
Ich kenn es wohl, so klingt das ganze Buch; 2555
Ich habe manche Zeit damit verloren,
Denn ein vollkommner Widerspruch
Bleibt gleich geheimnisvoll für Kluge wie für Toren.
Mein Freund, die Kunst ist alt und neu.
Es war die Art zu allen Zeiten, 2560
Durch Drei und Eins und Eins und Drei
Irrtum statt Wahrheit zu verbreiten.
So schwätzt und lehrt man ungestört;
Wer will sich mit den Narrn befassen?
Gewöhnlich glaubt der Mensch, wenn er nur Worte hört, 2565
Es müsse sich dabei doch auch was denken lassen.

DIE HEXE *fährt fort.* Die hohe Kraft
Der Wissenschaft,
Der ganzen Welt verborgen!
Und wer nicht denkt, 2570
Dem wird sie geschenkt,
Er hat sie ohne Sorgen.

FAUST. Was sagt sie uns für Unsinn vor?
Es wird mir gleich der Kopf zerbrechen.
Mich dünkt, ich hör ein ganzes Chor 2575
Von hunderttausend Narren sprechen.

MEPHISTOPHELES. Genug, genug, o treffliche Sibylle!
Gib deinen Trank herbei und fülle
Die Schale rasch bis an den Rand hinan;
Denn meinem Freund wird dieser Trunk nicht schaden: 2580
Er ist ein Mann von vielen Graden,
Der manchen guten Schluck getan.

DIE HEXE, *mit vielen Zeremonien, schenkt den Trank in eine Schale;*
wie sie Faust an den Mund bringt, entsteht eine leichte Flamme.

MEPHISTOPHELES. Nur frisch hinunter! Immer zu!
Es wird dir gleich das Herz erfreuen.
Bist mit dem Teufel du und du 2585
Und willst dich vor der Flamme scheuen?

DIE HEXE *löst den Kreis.* FAUST *tritt heraus.*

MEPHISTOPHELES. Nun frisch hinaus! Du darfst nicht ruhn.

2561 *Durch Drei ... und Drei*: Polemik gegen die christliche Lehre vom dreieinigen Gott
2577 *treffliche Sibylle*: Wahrsagerin der Antike, im 18. Jh. auch für Hexen gebraucht
2586 *vor der Flamme scheuen?*: Wie sollte er sich vor der Flamme scheuen, da doch sein Inneres bereits brennt? (vgl. 2461)

DIE HEXE. Mög' Euch das Schlückchen wohl behagen!

MEPHISTOPHELES *zur Hexe.* Und kann ich dir was zu Gefallen tun,
So darfst du mir's nur auf Walpurgis sagen.   2590

DIE HEXE. Hier ist ein Lied! wenn Ihr's zuweilen singt,
So werdet Ihr besondre Wirkung spüren.

MEPHISTOPHELES *zu Faust.* Komm nur geschwind und lass dich führen;
Du musst notwendig transpirieren,
Damit die Kraft durch Inn- und Äußres dringt.   2595
Den edlen Müßiggang lehr ich hernach dich schätzen
Und bald empfindest du mit innigem Ergetzen,
Wie sich Cupido regt und hin und wider springt.

FAUST. Lass mich nur schnell noch in den Spiegel schauen!
Das Frauenbild war gar zu schön!   2600

MEPHISTOPHELES. Nein! Nein! Du sollst das Muster aller Frauen
Nun bald leibhaftig vor dir sehn.
Leise. Du siehst, mit diesem Trank im Leibe,
Bald Helenen in jedem Weibe.

STRASSE

FAUST. MARGARETE vorübergehend.

FAUST. Mein schönes Fräulein, darf ich wagen   2605
Meinen Arm und Geleit Ihr anzutragen?

MARGARETE. Bin weder Fräulein, weder schön,
Kann ungeleitet nach Hause gehn. *Sie macht sich los und ab.*

FAUST. Beim Himmel, dieses Kind ist schön!
So etwas hab ich nie gesehn.   2610
Sie ist so sitt- und tugendreich
Und etwas schnippisch doch zugleich.
Der Lippe Rot, der Wange Licht,

2590 *Walpurgis:* in der Walpurgisnacht auf dem Blocksberg
2591 *ein Lied:* Schöne (287) vermutet einen pornographischen Text; möglicherweise auch Anspielung auf die **Zueignung.** Die Dichtung würde so, nach Art der Romantiker, ironisch auf sich
selbst verweisen.
2598 *Cupido:* Begierde
2603 *mit diesem Trank:* Mephisto – und mit ihm viele Kommentatoren – verkennt hier, dass
Faust bereits vor dem Hexentrank, wenn er ihn denn getrunken hat, entflammt gewesen ist,
Straße: Die Szene ist, wie die gesamte Faust-Margarete-Handlung, bereits im *Urfaust* enthalten.
2605 *Fräulein:* junges, unverheiratetes adeliges Mädchen; Faust weiß, dass Margarete dies nicht
ist. Er redet als galanter Verführer.

Die Tage der Welt vergess ich's nicht!
Wie sie die Augen niederschlägt, 2615
Hat tief sich in mein Herz geprägt;
Wie sie kurz angebunden war,
Das ist nun zum Entzücken gar!
MEPHISTOPHELES tritt auf.
FAUST. Hör, du musst mir die Dirne schaffen!
MEPHISTOPHELES. Nun, welche?
FAUST.   Sie ging just vorbei. 2620
MEPHISTOPHELES. Da die? Sie kam von ihrem Pfaffen,
Der sprach sie aller Sünden frei;
Ich schlich mich hart am Stuhl vorbei,
Es ist ein gar unschuldig Ding,
Das eben für nichts zur Beichte ging; 2625
Über die hab ich keine Gewalt!
FAUST. Ist über vierzehn Jahr doch alt.
MEPHISTOPHELES. Du sprichst ja wie Hans Liederlich,
Der begehrt jede liebe Blum für sich,
Und dünkelt ihm, es wär kein Ehr 2630
Und Gunst, die nicht zu pflücken wär;
Geht aber doch nicht immer an.
FAUST. Mein Herr Magister Lobesan,
Lass Er mich mit dem Gesetz in Frieden!
Und das sag ich Ihm kurz und gut: 2635
Wenn nicht das süße junge Blut
Heut Nacht in meinen Armen ruht,
So sind wir um Mitternacht geschieden.
MEPHISTOPHELES. Bedenkt, was gehn und stehen mag!
Ich brauche wenigstens vierzehn Tag 2640
Nur die Gelegenheit auszuspüren.
FAUST. Hätt ich nur sieben Stunden Ruh,
Brauchte den Teufel nicht dazu,
So ein Geschöpfchen zu verführen.
MEPHISTOPHELES. Ihr sprecht schon fast wie ein Franzos; 2645
Doch bitt ich, lasst's Euch nicht verdrießen:

2619 *Dirne*: unverheiratetes Mädchen, nicht im modernen Sinn von „Hure"
2623 *Stuhl*: Beichtstuhl
2627 *vierzehn Jahr*: nach damaligem Recht Mündigkeit und Geschlechtsreife
2630 *Ehr*: jungfräuliche Unschuld
2633 *Lobesan*: schon zu G.s Zeit veraltetes Attribut, ironisch gebraucht anstelle von „löblich"
2645 *wie ein Franzos*: sittenlos

Was hilft's, nur grade zu genießen?
Die Freud ist lange nicht so groß,
Als wenn Ihr erst herauf, herum,
Durch allerlei Brimborium,   2650
Das Püppchen geknetet und zugericht't,
Wie's lehret manche welsche Geschicht.
FAUST. Hab Appetit auch ohne das.
MEPHISTOPHELES. Jetzt ohne Schimpf und ohne Spaß.
Ich sag Euch, mit dem schönen Kind   2655
Geht's ein- für allemal nicht geschwind.
Mit Sturm ist da nichts einzunehmen;
Wir müssen uns zur List bequemen.
FAUST. Schaff mir etwas vom Engelsschatz!
Führ mich an ihren Ruheplatz!   2660
Schaff mir ein Halstuch von ihrer Brust,
Ein Strumpfband meiner Liebeslust!
MEPHISTOPHELES. Damit Ihr seht, dass ich Eurer Pein
Will förderlich und dienstlich sein,
Wollen wir keinen Augenblick verlieren,   2665
Will Euch noch heut in ihr Zimmer führen.
FAUST. Und soll sie sehn? sie haben?
MEPHISTOPHELES.   Nein!
Sie wird bei einer Nachbarin sein.
Indessen könnt Ihr ganz allein
An aller Hoffnung künft'ger Freuden   2670
In ihrem Dunstkreis satt Euch weiden.
FAUST. Können wir hin?
MEPHISTOPHELES.   Es ist noch zu früh.
FAUST. Sorg du mir für ein Geschenk für sie! *Ab.*
MEPHISTOPHELES. Gleich schenken? Das ist brav! Da wird er reüssieren!
Ich kenne manchen schönen Platz   2675
Und manchen alt vergrabnen Schatz;
Ich muss ein bisschen revidieren. *Ab.*

2650 *Brimborium*: Umständlichkeit
2652 *manche welsche Geschicht*: romanische Literatur als Rezeptbücher der Verführung
2654 *Schimpf*: Scherz
2674 *reüssieren*: Erfolg haben
2677 *revidieren*: Ausschau halten, nachsehen. Mephisto stellt sich als ein bereitwilliger Diener, dessen Fähigkeiten jedoch begrenzt sind.

ABEND

Ein kleines reinliches Zimmer
MARGARETE *ihre Zöpfe flechtend und aufbindend.*
    Ich gäb was drum, wenn ich nur wüsst,
    Wer heut der Herr gewesen ist!
    Er sah gewiss recht wacker aus   2680
    Und ist aus einem edlen Haus;
    Das konnt ich ihm an der Stirne lesen –
    Er wär auch sonst nicht so keck gewesen. *Ab.*
    MEPHISTOPHELES. FAUST.
MEPHISTOPHELES. Herein, ganz leise, nur herein!
FAUST *nach einigem Stillschweigen.*
    Ich bitte dich, lass mich allein!   2685
MEPHISTOPHELES *herumspürend.*
    Nicht jedes Mädchen hält so rein. *Ab.*
FAUST *rings aufschauend.* Willkommen, süßer Dämmerschein,
    Der du dies Heiligtum durchwebst!
    Ergreif mein Herz, du süße Liebespein,
    Die du vom Tau der Hoffnung schmachtend lebst!   2690
    Wie atmet rings Gefühl der Stille,
    Der Ordnung, der Zufriedenheit!
    In dieser Armut welche Fülle!
    In diesem Kerker welche Seligkeit!
    Er wirft sich auf den ledernen Sessel am Bette.
    O nimm mich auf, der du die Vorwelt schon   2695
    Bei Freud und Schmerz im offnen Arm empfangen!
    Wie oft, ach! hat an diesem Väterthron
    Schon eine Schar von Kindern rings gehangen!
    Vielleicht hat, dankbar für den heil'gen Christ,
    Mein Liebchen hier, mit vollen Kinderwangen,   2700
    Dem Ahnherrn fromm die welke Hand geküsst.
    Ich fühl, o Mädchen, deinen Geist
    Der Füll und Ordnung um mich säuseln,
    Der mütterlich dich täglich unterweist,
    Den Teppich auf den Tisch dich reinlich breiten heißt,   2705

---

vor 2678 *reinliches*: mehr als ein sauberes, bezieht auch die moralisch-religiöse Dimension ein
2694 *Kerker*: verweist auf die stille Abgeschlossenheit des Raums. Das Wort verbindet diesen Raum jedoch außerdem mit Fausts Studierzimmer („Kerker") und dem späteren Kerker Margaretes.
2699 *heil'gen Christ*: Weihnachtsgeschenk
2705 *Teppich*: hier Tischdecke

Sogar den Sand zu deinen Füßen kräuseln.
O liebe Hand! so göttergleich!
Die Hütte wird durch dich ein Himmelreich.
Und hier! *Er hebt einen Bettvorhang auf.*
    Was fasst mich für ein Wonnegraus!
Hier möcht ich volle Stunden säumen.   2710
Natur! hier bildetest in leichten Träumen
Den eingebornen Engel aus!
Hier lag das Kind! mit warmem Leben
Den zarten Busen angefüllt,
Und hier mit heilig reinem Weben   2715
Entwirkte sich das Götterbild!

Und du! Was hat dich hergeführt?
Wie innig fühl ich mich gerührt!
Was willst du hier? Was wird das Herz dir schwer?
Armsel'ger Faust! ich kenne dich nicht mehr.   2720

Umgibt mich hier ein Zauberduft?
Mich drang's, so grade zu genießen,
Und fühle mich in Liebestraum zerfließen!
Sind wir ein Spiel von jedem Druck der Luft?

Und träte sie den Augenblick herein,   2725
Wie würdest du für deinen Frevel büßen!
Der große Hans, ach wie so klein!
Läg, hingeschmolzen, ihr zu Füßen.

MEPHISTOPHELES. Geschwind! ich seh sie unten kommen.
FAUST. Fort! Fort! Ich kehre nimmermehr!   2730
MEPHISTOPHELES. Hier ist ein Kästchen leidlich schwer,
    Ich hab's woanders hergenommen.
    Stellt's hier nur immer in den Schrein,
    Ich schwör Euch, ihr vergehn die Sinnen;
    Ich tat Euch Sächelchen hinein   2735

2706 *Sand*: ungestrichener Fußboden wurde mit Sand bestreut, damit der Schmutz nicht sogleich haften blieb
2709 *Wonnegraus*: eine Art schmerzlicher Lust
2712 *eingebornen Engel*: das in ihr bereits angelegte himmlische Wesen
2716 *Entwirkte sich*: bildete sich heraus
2727 *Der große Hans*: Prahlhans

103

Um eine andre zu gewinnen.
Zwar Kind ist Kind und Spiel ist Spiel.
FAUST. Ich weiß nicht, soll ich?
MEPHISTOPHELES.   Fragt Ihr viel?
Meint Ihr vielleicht den Schatz zu wahren?
Dann rat ich Eurer Lüsternheit   2740
Die liebe schöne Tageszeit
Und mir die weitere Müh zu sparen.
Ich hoff nicht, dass Ihr geizig seid!
Ich kratz den Kopf, reib an den Händen –
Er stellt das Kästchen in den Schrein und drückt das Schloss wieder zu.
Nur fort! geschwind! –   2745
Um Euch das süße junge Kind
Nach Herzens Wunsch und Will zu wenden;
Und Ihr seht drein,
Als solltet Ihr in den Hörsaal hinein,
Als stünden grau leibhaftig vor Euch da   2750
Physik und Metaphysika!
Nur fort! *Ab.*
MARGARETE *mit einer Lampe.* Es ist so schwül, so dumpfig hie,
Sie macht das Fenster auf.
Und ist doch eben so warm nicht drauß.
Es wird mir so, ich weiß nicht wie –   2755
Ich wollt, die Mutter käm nach Haus.
Mir läuft ein Schauer übern ganzen Leib –
Bin doch ein töricht furchtsam Weib!
Sie fängt an zu singen, indem sie sich auszieht.
        Es war ein König in Thule
        Gar treu bis an das Grab,   2760
        Dem sterbend seine Buhle
        Einen goldnen Becher gab.

        Es ging ihm nichts darüber,
        Er leert' ihn jeden Schmaus;
        Die Augen gingen ihm über,   2765
        So oft er trank daraus.

2739 *wahren*: aufbewahren
2747 *wenden*: zuzuwenden
2757 *Mir läuft …*: Man denke an Fausts *Wonnegraus* (2709). Die körperlichen Empfindungen
beider gehen dem Zusammentreffen voraus.
2759 *Es war … Thule*: Ballade oder Romanze, wohl schon 1774 entstanden; Erstdruck 1782
2761 *Buhle*: Geliebte. Ob es sich dabei um die Ehefrau oder um eine nicht angetraute Geliebte
handelt, ist hier nicht von Belang.

Und als er kam zu sterben,
Zählt' er seine Städt im Reich,
Gönnt' alles seinem Erben,
Den Becher nicht zugleich.   2770

Er saß beim Königsmahle,
Die Ritter um ihn her,
Auf hohem Vätersaale,
Dort auf dem Schloss am Meer.

Dort stand der alte Zecher,   2775
Trank letzte Lebensglut
Und warf den heiligen Becher
Hinunter in die Flut.

Er sah ihn stürzen, trinken
Und sinken tief ins Meer,   2780
Die Augen täten ihm sinken,
Trank nie einen Tropfen mehr.
Sie eröffnet den Schrein, ihre Kleider einzuräumen, und erblickt
das Schmuckkästchen.
Wie kommt das schöne Kästchen hier herein?
Ich schloss doch ganz gewiss den Schrein.
Es ist doch wunderbar! Was mag wohl drinne sein?   2785
Vielleicht bracht's jemand als ein Pfand
Und meine Mutter lieh darauf.
Da hängt ein Schlüsselchen am Band,
Ich denke wohl, ich mach es auf!
Was ist das? Gott im Himmel! Schau,   2790
So was hab ich mein' Tage nicht gesehn!
Ein Schmuck! Mit dem könnt eine Edelfrau
Am höchsten Feiertage gehn.
Wie sollte mir die Kette stehn?
Wem mag die Herrlichkeit gehören?   2795
Sie putzt sich damit auf und tritt vor den Spiegel.
Wenn nur die Ohrring meine wären!
Man sieht doch gleich ganz anders drein.
Was hilft euch Schönheit, junges Blut?
Das ist wohl alles schön und gut,

2779 ff.: Zu beachten ist das Wortspiel *trinken* und *sinken* – in chiastischer Stellung –, bezogen
auf Becher und König. Margaretes Entkleidung gewinnt durch Inhalt und Form des Liedes
einen durchaus erotischen Charakter.

Allein man lässt's auch alles sein;   2800
Man lobt euch halb mit Erbarmen.
Nach Golde drängt,
Am Golde hängt
Doch alles. Ach wir Armen!

SPAZIERGANG

FAUST in Gedanken auf und ab gehend.
Zu ihm MEPHISTOPHELES.
MEPHISTOPHELES. Bei aller verschmähten Liebe! Beim höllischen Elemente!
    Ich wollt, ich wüsste was Ärgers, dass ich's fluchen könnte!   2806
FAUST. Was hast? was kneipt dich denn so sehr?
    So kein Gesicht sah ich in meinem Leben!
MEPHISTOPHELES. Ich möcht mich gleich dem Teufel übergeben,
    Wenn ich nur selbst kein Teufel wär!   2810
FAUST. Hat sich dir was im Kopf verschoben?
    Dich kleidet's, wie ein Rasender zu toben!
MEPHISTOPHELES. Denkt nur, den Schmuck, für Gretchen angeschafft,
    Den hat ein Pfaff hinweggerafft! –
    Die Mutter kriegt das Ding zu schauen,   2815
    Gleich fängt's ihr heimlich an zu grauen:
    Die Frau hat gar einen feinen Geruch,
    Schnuffelt immer im Gebetbuch
    Und riecht's einem jeden Möbel an,
    Ob das Ding heilig ist oder profan;   2820
    Und an dem Schmuck da spürt' sie's klar,
    Dass dabei nicht viel Segen war.
    Mein Kind, rief sie, ungerechtes Gut
    Befängt die Seele, zehrt auf das Blut.
    Wollen's der Mutter Gottes weihen,   2825
    Wird uns mit Himmels-Manna erfreuen!
    Margretlein zog ein schiefes Maul,
    Ist halt, dacht sie, ein geschenkter Gaul,

2805 *Bei aller ...* : Der Witz liegt hier nicht allein in der Suche nach einem angemessenen Fluch,
sondern bereits darin, dass der Teufel flucht.
2823 *ungerechtes Gut*: Sprüche Salom. 10,2: „Unrecht Gut hilft nicht."
2826 *Himmels-Manna*: Himmels-Speise, Offenb. Joh. 2,17: „Wer überwindet, dem will ich zu
essen geben von dem verborgenen Manna."
2828 *geschenkter Gaul*: sprichwörtlich: dem man nicht ins Maul schaut, um an den Zähnen sein
Alter festzustellen

Und wahrlich! gottlos ist nicht der,
Der ihn so fein gebracht hierher. 2830
Die Mutter ließ einen Pfaffen kommen;
Der hatte kaum den Spaß vernommen,
Ließ sich den Anblick wohl behagen.
Er sprach: So ist man recht gesinnt!
Wer überwindet, der gewinnt. 2835
Die Kirche hat einen guten Magen,
Hat ganze Länder aufgefressen
Und doch noch nie sich übergessen;
Die Kirch allein, meine lieben Frauen,
Kann ungerechtes Gut verdauen. 2840
FAUST. Das ist ein allgemeiner Brauch,
Ein Jud und König kann es auch.
MEPHISTOPHELES. Strich drauf ein Spange, Kett und Ring,
Als wären's eben Pfifferling,
Dankt' nicht weniger und nicht mehr, 2845
Als ob's ein Korb voll Nüsse wär,
Versprach ihnen allen himmlischen Lohn –
Und sie waren sehr erbaut davon.
FAUST. Und Gretchen?
MEPHISTOPHELES.   Sitzt nun unruhvoll,
Weiß weder, was sie will noch soll, 2850
Denkt ans Geschmeide Tag und Nacht,
Noch mehr an den, der's ihr gebracht.
FAUST. Des Liebchens Kummer tut mir leid.
Schaff du ihr gleich ein neu Geschmeid!
Am ersten war ja so nicht viel. 2855
MEPHISTOPHELES. O ja, dem Herrn ist alles Kinderspiel!
FAUST. Und mach und richt's nach meinem Sinn,
Häng dich an ihre Nachbarin!
Sei, Teufel, doch nur nicht wie Brei
Und schaff einen neuen Schmuck herbei! 2860
MEPHISTOPHELES. Ja, gnäd'ger Herr, von Herzen gerne.
FAUST *ab.*
MEPHISTOPHELES. So ein verliebter Tor verpufft
Euch Sonne, Mond und alle Sterne
Zum Zeitvertreib dem Liebchen in die Luft. *Ab.*

2835 *Wer überwindet…*: Offenb. Joh. 21,7: „Wer überwindet, der wird alles ererben."
2842 *Ein Jud und König*: Beide stehen hier für die Befähigung, Besitz an sich zu ziehen.

DER NACHBARIN HAUS

MARTHE *allein*. Gott verzeih's meinem lieben Mann, 2865
    Er hat an mir nicht wohlgetan!
    Geht da stracks in die Welt hinein
    Und lässt mich auf dem Stroh allein.
    Tät ihn doch wahrlich nicht betrüben,
    Tät ihn, weiß Gott, recht herzlich lieben. 2870
    Sie weint.
    Vielleicht ist er gar tot! – O Pein! – –
    Hätt ich nur einen Totenschein!
    MARGARETE kommt.
MARGARETE. Frau Marthe!
MARTHE.   Gretelchen, was soll's?
MARGARETE. Fast sinken mir die Kniee nieder!
    Da find ich so ein Kästchen wieder 2875
    In meinem Schrein, von Ebenholz,
    Und Sachen herrlich ganz und gar,
    Weit reicher, als das erste war.
MARTHE. Das muss Sie nicht der Mutter sagen;
    Tät's wieder gleich zur Beichte tragen. 2880
MARGARETE. Ach seh Sie nur! ach schau Sie nur!
MARTHE *putzt sie auf.* O du glücksel'ge Kreatur!
MARGARETE. Darf mich, leider, nicht auf der Gassen
    Noch in der Kirche mit sehen lassen.
MARTHE. Komm du nur oft zu mir herüber 2885
    Und leg den Schmuck hier heimlich an;
    Spazier ein Stündchen lang dem Spiegelglas vorüber,
    Wir haben unsre Freude dran;
    Und dann gibt's einen Anlass, gibt's ein Fest,
    Wo man's so nach und nach den Leuten sehen lässt. 2890
    Ein Kettchen erst, die Perle dann ins Ohr;
    Die Mutter sieht's wohl nicht, man macht ihr auch was vor.
MARGARETE. Wer konnte nur die beiden Kästchen bringen?
    Es geht nicht zu mit rechten Dingen!
    Es klopft.
    Ach Gott! mag das meine Mutter sein? 2895

---

vor 2865 *Marthe allein*: Die folgenden, an Hans Sachs' Fastnachtsspiel orientierten Verse parodieren zugleich einen klassischen Monolog.
2868 *Stroh allein*: so genannte Strohwitwe, deren Mann zeitweilig abwesend ist
2872 *Totenschein*: Vorbedingung für die Wiederverheiratung, an die Marthe ja vor allem denkt

MARTHE *durchs Vorhängel guckend.*
Es ist ein fremder Herr – Herein!
MEPHISTOPHELES tritt auf.
MEPHISTOPHELES. Bin so frei grad hereinzutreten,
Muss bei den Frauen Verzeihn erbeten.
Tritt ehrerbietig vor Margareten zurück.
Wollte nach Frau Marthe Schwerdtlein fragen!
MARTHE. Ich bin's, was hat der Herr zu sagen?   2900
MEPHISTOPHELES *leise zu ihr.*
Ich kenne Sie jetzt, mir ist das genug;
Sie hat da gar vornehmen Besuch.
Verzeiht die Freiheit, die ich genommen,
Will Nachmittage wiederkommen.
MARTHE *laut.* Denk, Kind, um alles in der Welt!   2905
Der Herr dich für ein Fräulein hält.
MARGARETE. Ich bin ein armes junges Blut;
Ach Gott! der Herr ist gar zu gut:
Schmuck und Geschmeide sind nicht mein.
MEPHISTOPHELES. Ach, es ist nicht der Schmuck allein,   2910
Sie hat ein Wesen, einen Blick so scharf!
Wie freut mich's, dass ich bleiben darf.
MARTHE. Was bringt Er denn? Verlange sehr –
MEPHISTOPHELES. Ich wollt, ich hätt eine frohere Mär!
Ich hoffe, Sie lässt mich's drum nicht büßen: 2915
Ihr Mann ist tot und lässt Sie grüßen.
MARTHE. Ist tot? das treue Herz! O weh!
Mein Mann ist tot! Ach, ich vergeh!
MARGARETE. Ach! liebe Frau, verzweifelt nicht!
MEPHISTOPHELES. So hört die traurige Geschicht!   2920
MARGARETE. Ich möchte drum mein' Tag' nicht lieben,
Würde mich Verlust zu Tode betrüben.
MEPHISTOPHELES. Freud muss Leid, Leid muss Freude haben.
MARTHE. Erzählt mir seines Lebens Schluss!
MEPHISTOPHELES. Er liegt in Padua begraben   2925
Beim heiligen Antonius,
An einer wohlgeweihten Stätte
Zum ewig kühlen Ruhebette.

---

vor 2896 *Vorhängel*: vor dem Türfenster
2906 *Fräulein*: adelige junge Dame (vgl. 2605)
2911 *scharf*: hier wohl: klar, hoheitsvoll (Arens 280)
2914 *frohere Mär*: bessere Nachricht
2928 *Zum … Ruhebette*: an einer zum Ruhebett geweihten Stätte = Friedhof

MARTHE. Habt Ihr sonst nichts an mich zu bringen?
MEPHISTOPHELES. Ja, eine Bitte, groß und schwer;   2930
Lass Sie doch ja für ihn dreihundert Messen singen!
Im Übrigen sind meine Taschen leer.
MARTHE. Was! nicht ein Schaustück? Kein Geschmeid?
Was jeder Handwerksbursch im Grund des Säckels spart,
Zum Angedenken aufbewahrt   2935
Und lieber hungert, lieber bettelt!
MEPHISTOPHELES. Madam, es tut mir herzlich leid;
Allein er hat sein Geld wahrhaftig nicht verzettelt.
Auch er bereute seine Fehler sehr,
Ja, und bejammerte sein Unglück noch viel mehr.   2940
MARGARETE. Ach! dass die Menschen so unglücklich sind!
Gewiss, ich will für ihn manch Requiem noch beten.
MEPHISTOPHELES. Ihr wäret wert gleich in die Eh zu treten:
Ihr seid ein liebenswürdig Kind.
MARGARETE. Ach nein, das geht jetzt noch nicht an.   2945
MEPHISTOPHELES. Ist's nicht ein Mann, sei's derweil ein Galan.
's ist eine der größten Himmelsgaben,
So ein lieb Ding im Arm zu haben.
MARGARETE. Das ist des Landes nicht der Brauch.
MEPHISTOPHELES. Brauch oder nicht! Es gibt sich auch.   2950
MARTHE. Erzählt mir doch!
MEPHISTOPHELES.   Ich stand an seinem Sterbebette,
Es war was besser als von Mist,
Von halbgefaultem Stroh; allein er starb als Christ
Und fand, dass er weit mehr noch auf der Zeche hätte.
„Wie", rief er, „muss ich mich von Grund aus hassen,   2955
So mein Gewerb, mein Weib so zu verlassen!
Ach, die Erinnrung tötet mich!
Vergäb sie mir nur noch in diesem Leben!"
MARTHE *weinend*. Der gute Mann! ich hab ihm längst vergeben.
MEPHISTOPHELES. „Allein, weiß Gott! sie war mehr schuld als ich." 2960
MARTHE. Das lügt er! Was! am Rand des Grabs zu lügen!

2933 *Schaustück*: Münze
2938 *verzettelt*: vergeudet
2942 *Requiem*: Totenmesse
2946 *Galan*: Liebhaber
2950 *Es gibt sich auch*: Es wird auch so gehen.
2953 *starb als Christ*: versehen mit Sterbesakramenten
2954 *auf der Zeche hätte*: schuldig wäre (von Trinkschulden)

MEPHISTOPHELES. Er fabelte gewiss in letzten Zügen,
Wenn ich nur halb ein Kenner bin.
„Ich hatte", sprach er, „nicht zum Zeitvertreib zu gaffen,
Erst Kinder und dann Brot für sie zu schaffen   2965
Und Brot im allerweitsten Sinn
Und konnte nicht einmal mein Teil in Frieden essen."
MARTHE. Hat er so aller Treu, so aller Lieb vergessen,
Der Plackerei bei Tag und Nacht!
MEPHISTOPHELES. Nicht doch, er hat Euch herzlich dran gedacht.   2970
Er sprach: „Als ich nun weg von Malta ging,
Da betet ich für Frau und Kinder brünstig;
Uns war denn auch der Himmel günstig,
Dass unser Schiff ein türkisch Fahrzeug fing,
Das einen Schatz des großen Sultans führte.   2975
Da ward der Tapferkeit ihr Lohn
Und ich empfing denn auch, wie sich gebührte,
Mein wohlgemessnes Teil davon."
MARTHE. Ei wie? Ei wo? Hat er's vielleicht vergraben?
MEPHISTOPHELES. Wer weiß, wo nun es die vier Winde haben.   2980
Ein schönes Fräulein nahm sich seiner an,
Als er in Napel fremd umherspazierte;
Sie hat an ihm viel Liebs und Treus getan,
Dass er's bis an sein selig Ende spürte.
MARTHE. Der Schelm! der Dieb an seinen Kindern!   2985
Auch alles Elend, alle Not
Konnt nicht sein schändlich Leben hindern!
MEPHISTOPHELES. Ja seht! dafür ist er nun tot.
Wär ich nun jetzt an Eurem Platze,
Betraurt ich ihn ein züchtig Jahr,   2990
Visierte dann unterweil nach einem neuen Schatze.
MARTHE. Ach Gott! wie doch mein erster war,
Find ich nicht leicht auf dieser Welt den andern!
Es konnte kaum ein herziger Närrchen sein.
Er liebte nur das allzu viele Wandern   2995
Und fremde Weiber und fremden Wein
Und das verfluchte Würfelspiel.

2981 *schönes Fräulein*: Anspielung auf 2605. Doch bedeutet Fräulein hier Hure.
2984 *Dass er's ... spürte*: Sie vermittelte ihm die „mal de Naples" genannte Syphilis, an der er
starb.
2991 *Visierte*: hielte Ausschau

MEPHISTOPHELES. Nun, nun, so konnt es gehn und stehn,
Wenn er Euch ungefähr so viel
Von seiner Seite nachgesehen. 3000
Ich schwör Euch zu, mit dem Beding
Wechselt ich selbst mit Euch den Ring!
MARTHE. O es beliebt dem Herrn zu scherzen!
MEPHISTOPHELES *für sich*.
Nun mach ich mich beizeiten fort!
Die hielte wohl den Teufel selbst beim Wort. 3005
Zu Gretchen. Wie steht es denn mit Ihrem Herzen?
MARGARETE. Was meint der Herr damit?
MEPHISTOPHELES *für sich*.   Du guts, unschuldigs Kind!
Laut. Lebt wohl, ihr Fraun!
MARGARETE.   Lebt wohl!
MARTHE.   O sagt mir doch geschwind!
Ich möchte gern ein Zeugnis haben,
Wo, wie und wann mein Schatz gestorben und begraben. 3010
Ich bin von je der Ordnung Freund gewesen,
Möcht ihn auch tot im Wochenblättchen lesen.
MEPHISTOPHELES. Ja, gute Frau, durch zweier Zeugen Mund
Wird allerwegs die Wahrheit kund;
Habe noch gar einen feinen Gesellen, 3015
Den will ich Euch vor den Richter stellen.
Ich bring ihn her.
MARTHE.   O tut das ja!
MEPHISTOPHELES. Und hier die Jungfrau ist auch da? –
Ein braver Knab! ist viel gereist,
Fräuleins alle Höflichkeit erweist. 3020
MARGARETE. Müsste vor dem Herren schamrot werden.
MEPHISTOPHELES. Vor keinem Könige der Erden.
MARTHE. Da hinterm Haus in meinem Garten
Wollen wir der Herrn heut Abend warten.

3012 *Wochenblättchen*: Zeitung, in der auch Auszüge aus Kirchenbüchern publiziert wurden
(im 18., nicht im 16. Jahrhundert!)
3013 *zweier Zeugen Mund*: biblisch sanktionierte Rechtspraxis, nach der zwei Personen einen
Tod zu bezeugen hatten
3019 *Knab*: Faust als junger Mann
3020 *Fräuleins*: gewinnt durch 2981 eine andere Färbung als in V. 2605, von Margarete allerdings
nicht bemerkt – oder vielleicht doch (3021 *schamrot*)?

STRASSE

FAUST. MEPHISTOPHELES.

FAUST. Wie ist's? Will's fördern? Will's bald gehn?   3025
MEPHISTOPHELES. Ah bravo! Find ich Euch in Feuer?
    In kurzer Zeit ist Gretchen Euer.
    Heut Abend sollt Ihr sie bei Nachbar' Marthen sehn:
    Das ist ein Weib wie auserlesen
    Zum Kuppler- und Zigeunerwesen!   3030
FAUST. So recht!
MEPHISTOPHELES. Doch wird auch was von uns begehrt.
FAUST. Ein Dienst ist wohl des andern wert.
MEPHISTOPHELES. Wir legen nur ein gültig Zeugnis nieder,
    Dass ihres Ehherrn ausgereckte Glieder
    In Padua an heil'ger Stätte ruhn.   3035
FAUST. Sehr klug! Wir werden erst die Reise machen müssen!
MEPHISTOPHELES. Sancta Simplicitas! darum ist's nicht zu tun;
    Bezeugt nur, ohne viel zu wissen.
FAUST. Wenn Er nichts Bessers hat, so ist der Plan zerrissen.
MEPHISTOPHELES. O heil'ger Mann! Da wärt Ihr's nun!   3040
    Ist es das erste Mal in Eurem Leben,
    Dass Ihr falsch Zeugnis abgelegt?
    Habt Ihr von Gott, der Welt und was sich drin bewegt,
    Vom Menschen, was sich ihm in Kopf und Herzen regt,
    Definitionen nicht mit großer Kraft gegeben?   3045
    Mit frecher Stirne, kühner Brust?
    Und wollt Ihr recht ins Innre gehen,
    Habt Ihr davon, Ihr müsst es grad gestehen,
    So viel als von Herrn Schwerdtleins Tod gewusst!
FAUST. Du bist und bleibst ein Lügner, ein Sophiste.   3050
MEPHISTOPHELES. Ja, wenn man's nicht ein bisschen tiefer wüsste.
    Denn morgen wirst, in allen Ehren,
    Das arme Gretchen nicht betören
    Und alle Seelenlieb ihr schwören?
FAUST. Und zwar von Herzen.
MEPHISTOPHELES.   Gut und schön!   3055
    Dann wird von ewiger Treu und Liebe,
    Von einzig überallmächt'gem Triebe –
    Wird das auch so von Herzen gehn?

3025 *fördern*: vorwärtsgehen
3037 *Sancta Simplicitas*: heilige Einfalt
3052 *morgen*: in naher Zukunft

FAUST. Lass das! Es wird! – Wenn ich empfinde,
    Für das Gefühl, für das Gewühl   3060
    Nach Namen suche, keinen finde,
    Dann durch die Welt mit allen Sinnen schweife,
    Nach allen höchsten Worten greife
    Und diese Glut, von der ich brenne,
    Unendlich, ewig, ewig nenne,   3065
    Ist das ein teuflisch Lügenspiel?
MEPHISTOPHELES. Ich hab doch Recht!
FAUST.   Hör! merk dir dies –
    Ich bitte dich und schone meine Lunge –:
    Wer Recht behalten will und hat nur eine Zunge,
    Behält's gewiss.   3070
    Und komm, ich hab des Schwätzens Überdruss,
    Denn du hast Recht, vorzüglich weil ich muss.

GARTEN

*MARGARETE an FAUSTENS Arm. MARTHE mit MEPHISTOPHELES
auf und ab spazierend.*
MARGARETE. Ich fühl es wohl, dass mich der Herr nur schont,
    Herab sich lässt mich zu beschämen.
    Ein Reisender ist so gewohnt   3075
    Aus Gütigkeit fürlieb zu nehmen;
    Ich weiß zu gut, dass solch erfahrnen Mann
    Mein arm Gespräch nicht unterhalten kann.
FAUST. Ein Blick von dir, ein Wort mehr unterhält
    Als alle Weisheit dieser Welt. *Er küsst ihre Hand.*   3080
MARGARETE. Inkommodiert Euch nicht! Wie könnt Ihr sie nur küssen?
    Sie ist so garstig, ist so rau!

3059 ff.: Faust findet für seine durchaus irdischen Empfindungen, die sein Inneres in Brand setzen, nur metaphysische Bezeichnungen (*unendlich, ewig*).

3072 *muss*: ein vieldeutiges „muss": drückt Abhängigkeit von Mephisto aus, zugleich jedoch die Unabweislichkeit seiner Liebesempfindung sowie die Konsequenz seiner Handlungsmotivation (1765 ff.)

nach 3080 *Er küsst...*: Der Handkuss ist hier gewiss nicht als „galante Geste" (Schöne 307) intendiert, als die ihn Margarete (*Inkommodiert Euch nicht!*) missversteht. Vielmehr findet ein Positionswechsel statt, indem Faust spontan handelt, Margarete indessen mit dem förmlichen Diskurs des Alexandriners reagiert.

3081 *Inkommodiert Euch nicht*: gestelzt für: Macht keine Umstände.

Was hab ich nicht schon alles schaffen müssen!
Die Mutter ist gar zu genau.
Gehn vorüber.
MARTHE. Und Ihr, mein Herr, Ihr reist so immer fort?   3085
MEPHISTOPHELES. Ach, dass Gewerb und Pflicht uns dazu treiben!
Mit wie viel Schmerz verlässt man manchen Ort
Und darf doch nun einmal nicht bleiben!
MARTHE. In raschen Jahren geht's wohl an,
So um und um frei durch die Welt zu streifen;   3090
Doch kömmt die böse Zeit heran,
Und sich als Hagestolz allein zum Grab zu schleifen,
Das hat noch keinem wohlgetan.
MEPHISTOPHELES. Mit Grausen seh ich das von weiten.
MARTHE. Drum, werter Herr, beratet Euch in Zeiten.   3095
Gehn vorüber.
MARGARETE. Ja, aus den Augen, aus dem Sinn!
Die Höflichkeit ist Euch geläufig;
Allein Ihr habt der Freunde häufig,
Sie sind verständiger, als ich bin.
FAUST. O Beste! glaube, was man so verständig nennt,   3100
Ist oft mehr Eitelkeit und Kurzsinn.
MARGARETE.   Wie?
FAUST. Ach, dass die Einfalt, dass die Unschuld nie
Sich selbst und ihren heil'gen Wert erkennt!
Dass Demut, Niedrigkeit, die höchsten Gaben
Der liebevoll austeilenden Natur –   3105
MARGARETE. Denkt Ihr an mich ein Augenblickchen nur,
Ich werde Zeit genug an Euch zu denken haben.
FAUST. Ihr seid wohl viel allein?
MARGARETE. Ja, unsre Wirtschaft ist nur klein
Und doch will sie versehen sein.   3110
Wir haben keine Magd; muss kochen, fegen, stricken
Und nähn und laufen früh und spat
Und meine Mutter ist in allen Stücken
So akkurat!

3089 *In raschen Jahren*: in der Jugend
3092 *Hagestolz*: unverheirateter Mann ab 50
3097 *Höflichkeit*: Margarete reagiert mit Koketterie, legt Faust als Höflichkeit aus, was er doch
als Empfindung glaubt.
3102 *Einfalt … Unschuld*: Bezeichnungen für das Naive
3104 *Demut, Niedrigkeit*: Natur gilt als Garant des Unverfälschten, Authentischen, bezogen
auch auf die niederen Gesellschaftsschichten. Faust verklärt Margaretes Stand rousseauistisch
als Natur.

Nicht dass sie just so sehr sich einzuschränken hat;   3115
Wir könnten uns weit eh'r als andre regen:
Mein Vater hinterließ ein hübsch Vermögen,
Ein Häuschen und ein Gärtchen vor der Stadt.
Doch hab ich jetzt so ziemlich stille Tage;
Mein Bruder ist Soldat,   3120
Mein Schwesterchen ist tot.
Ich hatte mit dem Kind wohl meine liebe Not;
Doch übernähm ich gern noch einmal alle Plage,
So lieb war mir das Kind.
FAUST.   Ein Engel, wenn dir's glich.
MARGARETE. Ich zog es auf und herzlich liebt es mich.   3125
Es war nach meines Vaters Tod geboren.
Die Mutter gaben wir verloren,
So elend wie sie damals lag,
Und sie erholte sich sehr langsam, nach und nach.
Da konnte sie nun nicht dran denken,   3130
Das arme Würmchen selbst zu tränken,
Und so erzog ich's ganz allein,
Mit Milch und Wasser; so ward's mein.
Auf meinem Arm, in meinem Schoß
War's freundlich, zappelte, ward groß.   3135
FAUST. Du hast gewiss das reinste Glück empfunden.
MARGARETE. Doch auch gewiss gar manche schwere Stunden.
Des Kleinen Wiege stand zu Nacht
An meinem Bett; es durfte kaum sich regen,
War ich erwacht;   3140
Bald musst ich's tränken, bald es zu mir legen,
Bald, wenn's nicht schwieg, vom Bett aufstehn
Und tänzelnd in der Kammer auf und nieder gehn
Und früh am Tage schon am Waschtrog stehn;
Dann auf dem Markt und an dem Herde sorgen   3145
Und immer fort wie heut, so morgen.
Da geht's, mein Herr, nicht immer mutig zu;
Doch schmeckt dafür das Essen, schmeckt die Ruh.
Gehn vorüber.
MARTHE. Die armen Weiber sind doch übel dran:
Ein Hagestolz ist schwerlich zu bekehren.   3150

3139 *durfte*: brauchte
3141 *Bald musst ich's tränken*: Vorausdeutung auf das Ertränken des eigenen Kindes, Kerker-
szene 4443 ff.

MEPHISTOPHELES. Es käme nur auf Euresgleichen an
Mich eines Bessern zu belehren.
MARTHE. Sagt grad, mein Herr, habt Ihr noch nichts gefunden?
Hat sich das Herz nicht irgendwo gebunden?
MEPHISTOPHELES. Das Sprichwort sagt: Ein eigner Herd,   3155
Ein braves Weib sind Gold und Perlen wert.
MARTHE. Ich meine, ob Ihr niemals Lust bekommen?
MEPHISTOPHELES. Man hat mich überall recht höflich aufgenommen.
MARTHE. Ich wollte sagen: Ward's nie Ernst in Eurem Herzen?
MEPHISTOPHELES. Mit Frauen soll man sich nie unterstehn zu scherzen.   3160
MARTHE. Ach, Ihr versteht mich nicht!
MEPHISTOPHELES.   Das tut mir herzlich leid!
Doch ich versteh – dass Ihr sehr gütig seid. *Gehn vorüber.*
FAUST. Du kanntest mich, o kleiner Engel, wieder,
Gleich als ich in den Garten kam?
MARGARETE. Saht Ihr es nicht? ich schlug die Augen nieder.   3165
FAUST. Und du verzeihst die Freiheit, die ich nahm?
Was sich die Frechheit unterfangen,
Als du jüngst aus dem Dom gegangen?
MARGARETE. Ich war bestürzt, mir war das nie geschehn;
Es konnte niemand von mir Übels sagen.   3170
Ach, dacht ich, hat er in deinem Betragen
Was Freches, Unanständiges gesehn?
Es schien ihn gleich nur anzuwandeln,
Mit dieser Dirne gradehin zu handeln.
Gesteh ich's doch! Ich wusste nicht, was sich   3175
Zu Eurem Vorteil hier zu regen gleich begonnte;
Allein gewiss, ich war recht bös auf mich,
Dass ich auf Euch nicht böser werden konnte.
FAUST. Süß Liebchen!
MARGARETE.   Lasst einmal!
Sie pflückt eine Sternblume und zupft die Blätter ab, eins nach dem andern.
FAUST.   Was soll das? Einen Strauß?
MARGARETE. Nein, es soll nur ein Spiel.

3155 *Das Sprichwort*: Mephisto gibt sich bewandert, wirft aber Sprichwort und Bibel zusammen: Sprüche Salom. 31,10: „Wem ein tugendsam Weib bescheret ist, die ist viel edler denn die
köstlichsten Perlen." Er spielt den Naiven und lässt Marthe damit auflaufen.
3174 *Mit dieser Dirne...*: mit dem Mädchen einfach anzubandeln
3176 *begonnte*: begann (schwache Form hier nicht nur des Reimes wegen, sondern auch als Ausdruck unbeholfener Rede)

FAUST.   Wie?
MARGARETE.   Geht! Ihr lacht mich aus.   3180
    Sie rupft und murmelt.
FAUST. Was murmelst du?
MARGARETE *halb laut.*   Er liebt mich – liebt mich nicht.
FAUST. Du holdes Himmelsangesicht!
MARGARETE *fährt fort.* Liebt mich – Nicht – Liebt mich – Nicht –
    Das letzte Blatt ausrupfend, mit holder Freude.
    Er liebt mich!
FAUST.   Ja, mein Kind! Lass dieses Blumenwort
    Dir Götterausspruch sein. Er liebt dich!   3185
    Verstehst du, was das heißt? Er liebt dich!
    Er fasst ihre beiden Hände.
MARGARETE. Mich überläuft's!
FAUST. O schaudre nicht! Lass diesen Blick,
    Lass diesen Händedruck dir sagen,
    Was unaussprechlich ist: 3190
    Sich hinzugeben ganz und eine Wonne
    Zu fühlen, die ewig sein muss!
    Ewig! – Ihr Ende würde Verzweiflung sein.
    Nein, kein Ende! Kein Ende!
    Margarete drückt ihm die Hände, macht sich los und läuft weg.
    Er steht einen Augenblick in Gedanken, dann folgt er ihr.
MARTHE *kommend.* Die Nacht bricht an.
MEPHISTOPHELES.   Ja, und wir wollen fort.   3195
MARTHE. Ich bät Euch länger hier zu bleiben,
    Allein es ist ein gar zu böser Ort.
    Es ist, als hätte niemand nichts zu treiben
    Und nichts zu schaffen,
    Als auf des Nachbarn Schritt und Tritt zu gaffen,   3200
    Und man kommt ins Gered, wie man sich immer stellt.
    Und unser Pärchen?
MEPHISTOPHELES.   Ist den Gang dort aufgeflogen.
    Mutwill'ge Sommervögel!
MARTHE.   Er scheint ihr gewogen.
MEPHISTOPHELES. Und sie ihm auch. Das ist der Lauf der Welt.

3184 *Blumenwort*: eine Art Blumenorakel, daher Fausts *Götterausspruch* im nächsten Vers
3187 *Mich überläuft's*: wieder die schon in 2757 ausgedrückte sinnliche Empfindung, die Faust als Abwehr missversteht
3188 *O schaudre nicht!*: Schöne (309) unterstreicht die biblischen Hohelied-Bezüge.
3193 *Ewig!*: vgl. 3065. Hier jedoch berührt Faust bereits der Gedanke an das Ende, den er gewaltsam abwehrt.

EIN GARTENHÄUSCHEN

*MARGARETE springt herein, steckt sich hinter die Tür, hält
die Fingerspitze an die Lippen und guckt durch die Ritze.*
MARGARETE. Er kommt!
FAUST *kommt.*   Ach Schelm, so neckst du mich!   3205
Treff ich dich! *Er küsst sie.*
MARGARETE *ihn fassend und den Kuss zurückgebend.*
      Bester Mann! von Herzen lieb ich dich!
MEPHISTOPHELES *klopft an.*
FAUST *stampfend.* Wer da?
MEPHISTOPHELES.   Gut Freund!
FAUST.   Ein Tier!
MEPHISTOPHELES.   Es ist wohl Zeit zu scheiden.
MARTHE *kommt.* Ja, es ist spät, mein Herr.
FAUST.   Darf ich Euch nicht geleiten?
MARGARETE. Die Mutter würde mich – Lebt wohl!
FAUST.   Muss ich denn gehn?
Lebt wohl!
MARTHE.   Ade!
MARGARETE.   Auf baldig Wiedersehn!   3210
Faust und Mephistopheles ab.
MARGARETE. Du lieber Gott! was so ein Mann
Nicht alles, alles denken kann!
Beschämt nur steh ich vor ihm da
Und sag zu allen Sachen ja.
Bin doch ein arm unwissend Kind,   3215
Begreife nicht, was er an mir find't. *Ab.*

WALD UND HÖHLE

FAUST *allein.* Erhabner Geist, du gabst mir, gabst mir alles,
Warum ich bat. Du hast mir nicht umsonst
Dein Angesicht im Feuer zugewendet.
Gabst mir die herrliche Natur zum Königreich,   3220
Kraft sie zu fühlen, zu genießen. Nicht
Kalt staunenden Besuch erlaubst du nur,
Vergönnest mir in ihre tiefe Brust,
Wie in den Busen eines Freunds, zu schauen.
Du führst die Reihe der Lebendigen   3225
Vor mir vorbei und lehrst mich meine Brüder
Im stillen Busch, in Luft und Wasser kennen.
Und wenn der Sturm im Walde braust und knarrt,
Die Riesenfichte stürzend Nachbaräste
Und Nachbarstämme quetschend niederstreift   3230
Und ihrem Fall dumpf hohl der Hügel donnert,
Dann führst du mich zur sichern Höhle, zeigst
Mich dann mir selbst, und meiner eignen Brust
Geheime tiefe Wunder öffnen sich.

Wald und Höhle: Die Szene entstand, abgesehen von den Versen 3342–69, die schon im *Urfaust* stehen, in Italien bzw. kurz danach. Sie erscheint im endgültigen Wortlaut schon im *Fragment.1790*, dort allerdings zwischen *Am Brunnen* und *Zwinger* positioniert, in der Handlung also nach dem Geschlechtsverkehr zwischen Faust und Margarete. Hier in *Faust I* dokumentiert die Szene Fausts Selbstbesinnung, besitzt demnach eine retardierende Funktion. Die Selbstbesinnung in kontemplativer Ruhe und Entspanntheit wird indessen von Mephisto unterbrochen und die Szene endet mit Fausts Selbstanklage, die durch Mephistos zynische Replik konterkariert wird.

3217 *Erhabner Geist:* Nach langer Unschlüssigkeit haben sich die Kommentatoren nun doch darauf geeinigt, den erhabnen Geist als Erdgeist aufzufassen: Diese Deutung ist zwar nach wie vor nicht ohne Schwierigkeiten durchzuhalten, doch lassen sich diese unter Berücksichtigung konzeptioneller Differenzen in der Entstehungsgeschichte wennzwar nicht auflösen, so doch einsehen.

3218 *Warum:* Worum

3223 *in ihre tiefe Brust:* Die Natur erscheint anthropomorphisiert, um Fausts vertrautes Verhältnis zu ihr auszudrücken.

3225 *Reihe der Lebendigen:* Natur ist nicht fremde Natur, vielmehr der Inbegriff der Verschwisterung alles Lebendigen, d. h. nicht nur der Tiere und Menschen, sondern auch der Pflanzenwelt sowie der Elemente.

3228 *Sturm im Walde:* Hier tut sich ein Gegensatz in der Naturkonzeption auf: Dem Lebendigen widerspricht die gleichsam anorganische Natur in Gestalt des zerstörerischen Sturms. Man wird an ältere Naturauffassungen Goethes erinnert: „Kraft, die Kraft verschlingt …" (Sulzer-Rezension).

3232 *sichern Höhle:* Ort der Ruhe und Abgeschiedenheit, korrespondierend dem eigenen Innern: *meiner eignen Brust/Geheime tiefe Wunder öffnen sich* (3233 f.), wie eben jetzt hier, da er es ausspricht

Und steigt vor meinem Blick der reine Mond   3235
Besänftigend herüber, schweben mir
Von Felsenwänden, aus dem feuchten Busch
Der Vorwelt silberne Gestalten auf
Und lindern der Betrachtung strenge Lust.

O dass dem Menschen nichts Vollkommnes wird,   3240
Empfind ich nun. Du gabst zu dieser Wonne,
Die mich den Göttern nah und näher bringt,
Mir den Gefährten, den ich schon nicht mehr
Entbehren kann, wenn er gleich, kalt und frech,
Mich vor mir selbst erniedrigt und zu Nichts,   3245
Mit einem Worthauch, deine Gaben wandelt.
Er facht in meiner Brust ein wildes Feuer
Nach jenem schönen Bild geschäftig an.
So tauml ich von Begierde zu Genuss
Und im Genuss verschmacht ich nach Begierde.   3250
MEPHISTOPHELES tritt auf.
MEPHISTOPHELES. Habt Ihr nun bald das Leben gnug geführt?
Wie kann's Euch in die Länge freuen?
Es ist wohl gut, dass man's einmal probiert;
Dann aber wieder zu was Neuen!
FAUST. Ich wollt, du hättest mehr zu tun,   3255
Als mich am guten Tag zu plagen.
MEPHISTOPHELES. Nun, nun! ich lass dich gerne ruhn,
Du darfst mir's nicht im Ernste sagen.
An dir Gesellen, unhold, barsch und toll,
Ist wahrlich wenig zu verlieren.   3260
Den ganzen Tag hat man die Hände voll!
Was ihm gefällt und was man lassen soll,
Kann man dem Herrn nie an der Nase spüren.
FAUST. Das ist so just der rechte Ton!
Er will noch Dank, dass er mich ennuyiert.   3265

3248 *Nach jenem schönen Bild*: Unwahrscheinlich, dass Faust hier noch an das Bild des Zauber-
spiegels der Hexenküche zurückdenkt. Das Bild ist jetzt vielmehr das Erinnerungsbild Margaretes.
3249 f. *So tauml ich ... nach Begierde*: Genuss und Begierde entsprechen Nähe und Ferne zum
Objekt. Worin besteht der höhere Grad von Lust: im Genuss, zu dem die Begierde geleitet, oder
in der Begierde, die der Genuss als Wunsch hervortreibt? Faust sieht sich auf Dauer unbefriedigt
und er muss es sein, weil sonst, gemäß dem Pakt, sein Leben zu Ende wäre.
3251 *das Leben*: dieses Leben, Margarete nah oder sie fliehend = Genuss/Begierde
3265 *ennuyiert*: hier gewiss nicht „langweilt", eher „lästig fällt"

121

MEPHISTOPHELES. Wie hättst du, armer Erdensohn,
  Dein Leben ohne mich geführt?
  Vom Kribskrabs der Imagination
  Hab ich dich doch auf Zeiten lang kuriert,
  Und wär ich nicht, so wärst du schon   3270
  Von diesem Erdball abspaziert.
  Was hast du da in Höhlen, Felsenritzen
  Dich wie ein Schuhu zu versitzen?
  Was schlurfst aus dumpfem Moos und triefendem Gestein,
  Wie eine Kröte, Nahrung ein?   3275
  Ein schöner, süßer Zeitvertreib!
  Dir steckt der Doktor noch im Leib.
FAUST. Verstehst du, was für neue Lebenskraft
  Mir dieser Wandel in der Öde schafft?
  Ja, würdest du es ahnen können,   3280
  Du wärest Teufel gnug, mein Glück mir nicht zu gönnen.
MEPHISTOPHELES. Ein überirdisches Vergnügen!
  In Nacht und Tau auf den Gebirgen liegen
  Und Erd und Himmel wonniglich umfassen,
  Zu einer Gottheit sich aufschwellen lassen,   3285
  Der Erde Mark mit Ahnungsdrang durchwühlen,
  Alle sechs Tagewerk im Busen fuhlen,
  In stolzer Kraft ich weiß nicht was genießen,
  Bald liebewonniglich in alles überfließen,
  Verschwunden ganz der Erdensohn   3290
  Und dann die hohe Intuition –
  mit einer Gebärde
  Ich darf nicht sagen, wie – zu schließen.
FAUST. Pfui über dich!
MEPHISTOPHELES.   Das will Euch nicht behagen;
  Ihr habt das Recht, gesittet Pfui zu sagen.
  Man darf das nicht vor keuschen Ohren nennen,   3295
  Was keusche Herzen nicht entbehren können.
  Und kurz und gut, ich gönn Ihm das Vergnügen
  Gelegentlich sich etwas vorzulügen;
  Doch lange hält Er das nicht aus.

3268 *Kribskrabs*: unverständliches Durcheinander
3273 *Dich wie ... versitzen*: dir wie ein Uhu selbst die Zeit für anderes wegzunehmen
3279 *Wandel*: nach Schöne (317) sowohl Bewegung wie auch psychische Veränderung
3282 ff.: Mephisto verkennt Fausts Naturverhältnis als *überirdisches Vergnügen*. Im Folgenden
deutet er es jedoch in Metaphern, die auf den Geschlechtsakt verweisen (Schöne 318). Die Gebärde gibt dem sichtbaren Ausdruck.

Du bist schon wieder abgetrieben 3300
Und, währt es länger, aufgerieben
In Tollheit oder Angst und Graus.
Genug damit! Dein Liebchen sitzt dadrinne
Und alles wird ihr eng und trüb.
Du kommst ihr gar nicht aus dem Sinne, 3305
Sie hat dich übermächtig lieb.
Erst kam deine Liebeswut übergeflossen,
Wie vom geschmolznen Schnee ein Bächlein übersteigt;
Du hast sie ihr ins Herz gegossen,
Nun ist dein Bächlein wieder seicht. 3310
Mich dünkt, anstatt in Wäldern zu thronen,
Ließ es dem großen Herren gut,
Das arme affenjunge Blut
Für seine Liebe zu belohnen.
Die Zeit wird ihr erbärmlich lang; 3315
Sie steht am Fenster, sieht die Wolken ziehn
Über die alte Stadtmauer hin.
Wenn ich ein Vöglein wär'!, so geht ihr Gesang
Tage lang, halbe Nächte lang.
Einmal ist sie munter, meist betrübt, 3320
Einmal recht ausgeweint,
Dann wieder ruhig, wie's scheint,
Und immer verliebt.
FAUST. Schlange! Schlange!
MEPHISTOPHELES *für sich.* Gelt! dass ich dich fange! 3325
FAUST. Verruchter! hebe dich von hinnen
Und nenne nicht das schöne Weib!
Bring die Begier zu ihrem süßen Leib
Nicht wieder vor die halb verrückten Sinnen!
MEPHISTOPHELES. Was soll es denn? Sie meint, du seist entflohn, 3330
Und halb und halb bist du es schon.

3300 *abgetrieben*: hast die Zielorientierung verloren
3301 *aufgerieben*: erschöpft
3303 *dadrinne*: in der Stadt
3312 *Ließ es … gut*: stünde es ihm an
3313 ff.: Mephisto versetzt sich in Margaretes Innenperspektive, um mit Fausts Empfindungen zu spielen.
3318 *Wenn ich ein Vöglein wär'!*: aus der Volksliedersammlung Herders von 1778; Bezug zur Kerker-Szene und zu Margaretes Lied vom Machandelbaum (4412 ff.)
3324 *Schlange! Schlange!*: biblisch „Teufel"; Mephisto reimt darauf 3325.

FAUST. Ich bin ihr nah, und wär ich noch so fern,
Ich kann sie nie vergessen, nie verlieren;
Ja, ich beneide schon den Leib des Herrn,
Wenn ihre Lippen ihn indes berühren.   3335
MEPHISTOPHELES. Gar wohl mein Freund! Ich hab Euch oft beneidet
Ums Zwillingspaar, das unter Rosen weidet.
FAUST. Entfliehe, Kuppler!
MEPHISTOPHELES.   Schön! Ihr schimpft und ich muss lachen.
Der Gott, der Bub' und Mädchen schuf,
Erkannte gleich den edelsten Beruf,   3340
Auch selbst Gelegenheit zu machen.
Nur fort, es ist ein großer Jammer!
Ihr sollt in Eures Liebchens Kammer,
Nicht etwa in den Tod.
FAUST. Was ist die Himmelsfreud in ihren Armen?   3345
Lass mich an ihrer Brust erwarmen!
Fühl ich nicht immer ihre Not?
Bin ich der Flüchtling nicht? der Unbehauste?
Der Unmensch ohne Zweck und Ruh,
Der wie ein Wassersturz von Fels zu Felsen brauste   3350
Begierig wütend nach dem Abgrund zu?
Und scitwärts sie, mit kindlich dumpfen Sinnen,
Im Hüttchen auf dem kleinen Alpenfeld,
Und all ihr häusliches Beginnen
Umfangen in der kleinen Welt.   3355
Und ich, der Gottverhasste,
Hatte nicht genug,
Dass ich die Felsen fasste
Und sie zu Trümmern schlug!
Sie, ihren Frieden musst ich untergraben!   3360

3332 *Ich bin ... fern*: hier wieder Fausts (und Goethes!) Dialektik von Nähe und Ferne
3334 *Leib des Herrn*: Hostie, jedoch von Faust wollüstig aufgeladen
3337 *Ums Zwillingspaar ... weidet*: Hohelied Salomons 4,5: „Deine beiden Brüste sind wie Reh-
zwillinge, die unter Rosen [Luther] weiden."
3341 *Gelegenheit zu machen*: Wenn Mephisto Gott selbst zum Kuppler erklärt, so stellt er sich
ihm gleich. Mephisto agiert hier, um Faust aufzumuntern, eher menschlich als teuflisch.
3348 ff. *Bin ich ... Abgrund zu?*: Faust, der sich zu Beginn der Szene als in der Natur aufgehoben
empfand, deutet sich hier vollkommen anders, nämlich als vernichtende Naturgewalt, die Margarete zugrunde richtet.
3352 *dumpfen*: hier nicht etwa empfindungslos, sondern ohne Bewusstsein
3353 *Im Hüttchen ... Alpenfeld*: Faust imaginiert Margarete als Element einer Idylle, die, wie
Schöne (319) bemerkt, an Albrecht von Hallers Gedicht *Die Alpen* erinnert.

Du, Hölle, musstest dieses Opfer haben!
Hilf, Teufel, mir die Zeit der Angst verkürzen!
Was muss geschehn, mag's gleich geschehn!
Mag ihr Geschick auf mich zusammenstürzen
Und sie mit mir zugrunde gehn! 3365
MEPHISTOPHELES. Wie's wieder siedet, wieder glüht!
Geh ein und tröste sie, du Tor!
Wo so ein Köpfchen keinen Ausgang sieht,
Stellt er sich gleich das Ende vor.
Es lebe, wer sich tapfer hält! 3370
Du bist doch sonst so ziemlich eingeteufelt.
Nichts Abgeschmackters find ich auf der Welt
Als einen Teufel, der verzweifelt.

GRETCHENS STUBE

GRETCHEN am Spinnrade, allein.
Meine Ruh ist hin,
Mein Herz ist schwer; 3375
Ich finde sie nimmer
Und nimmermehr.

Wo ich ihn nicht hab,
Ist mir das Grab,
Die ganze Welt 3380
Ist mir vergällt.

Mein armer Kopf
Ist mir verrückt,
Mein armer Sinn
Ist mir zerstückt. 3385

3365 *Und sie .. gehn!*: *Sie* wird zugrunde gehn, nicht *er*, dagegen wird *sie ihn* am Ende von *Faust II* zu sich in himmlische Gefilde hinaufziehen. Die Richtungen – hier Absturz, dort Aufstieg – sind komplementär.
3371 *eingeteufelt*: Luthersprache „zum Teufel geworden"
vor 3374 *am Spinnrade, allein*: Warum die Verse auf der Bühne nicht gesungen, sondern gesprochen vorgestellt werden sollen (Schöne 320), erscheint, selbst wenn man den Spinnrad-Takt zugrunde legt, nicht ganz einsichtig. Es handelt sich doch um eine Art Rondeau, das dem Ausdruck des Liebesbegehrens, unerhört für ein Mädchen der Zeit um 1800, eine Form verleiht.

Meine Ruh ist hin,
Mein Herz ist schwer;
Ich finde sie nimmer
Und nimmermehr.

Nach ihm nur schau ich   3390
Zum Fenster hinaus,
Nach ihm nur geh ich
Aus dem Haus.

Sein hoher Gang,
Sein' edle Gestalt,   3395
Seines Mundes Lächeln,
Seiner Augen Gewalt

Und seiner Rede
Zauberfluss,
Sein Händedruck   3400
Und ach, sein Kuss!

Meine Ruh ist hin,
Mein Herz ist schwer,
Ich finde sie nimmer
Und nimmermehr.   3405

Mein Busen drängt
Sich nach ihm hin.
Ach dürft ich fassen
Und halten ihn

Und küssen ihn,   3410
So wie ich wollt,
An seinen Küssen
Vergehen sollt!

3406 *Mein Busen drängt*: Im *Urfaust* hieß es bestimmter: „Mein Schoos! Gott! drängt/Sich nach ihm hin."

126

MARTHENS GARTEN

MARGARETE. FAUST.

MARGARETE. Versprich mir, Heinrich!

FAUST.   Was ich kann!

MARGARETE. Nun sag, wie hast du's mit der Religion?   3415
Du bist ein herzlich guter Mann,
Allein ich glaub, du hältst nicht viel davon.

FAUST. Lass das, mein Kind! Du fühlst, ich bin dir gut;
Für meine Lieben ließ' ich Leib und Blut,
Will niemand sein Gefühl und seine Kirche rauben.   3420

MARGARETE. Das ist nicht recht, man muss dran glauben!

FAUST. Muss man?

MARGARETE.   Ach! wenn ich etwas auf dich könnte!
Du ehrst auch nicht die heil'gen Sakramente.

FAUST. Ich ehre sie.

MARGARETE.   Doch ohne Verlangen.
Zur Messe, zur Beichte bist du lange nicht gegangen.   3425
Glaubst du an Gott?

FAUST.   Mein Liebchen, wer darf sagen:
Ich glaub an Gott?
Magst Priester oder Weise fragen
Und ihre Antwort scheint nur Spott
Über den Frager zu sein.

MARGARETE.   So glaubst du nicht?   3430

FAUST. Misshör mich nicht, du holdes Angesicht!
Wer darf ihn nennen?
Und wer bekennen:
Ich glaub ihn.
Wer empfinden   3435
Und sich unterwinden
Zu sagen: Ich glaub ihn nicht?

3414 *Versprich mir, Heinrich!*: Die Szene beginnt in Form einer Einblendung in ein schon an-
dauerndes Gespräch. Was Faust versprechen soll, bleibt offen. Faust wird nur von Margarete –
hier und in der Kerkerszene – Heinrich genannt. Schöne (323) vermutet einen Bezug zu Agrippa
von Nettesheim (1486 – 1535), der diesen Vornamen trug und manche Parallele zur Faustfigur
aufweist.
3422 *auf dich könnte*: Einfluss auf dich hätte
3423 *heil'gen Sakramente*: u. a. das der Ehe
3431 *Misshör mich nicht*: Höre aus dem Gesagten nicht etwas Falsches heraus – Neubildung G.s
analog zu „missverstehen". Fausts anschließende Verse bringen sein – und auch G.s – panthei-
stisches Bekenntnis zum Ausdruck.
3436 *sich unterwinden*: Anklang an die Luther'sche Bibelübersetzung: wagen, auf sich nehmen

Der Allumfasser,
Der Allerhalter,
fasst und erhält er nicht   3440
Dich, mich, sich selbst?
Wölbt sich der Himmel nicht dadroben?
Liegt die Erde nicht hierunten fest?
Und steigen freundlich blickend
Ewige Sterne nicht herauf?   3445
Schau ich nicht Aug in Auge dir
Und drängt nicht alles
Nach Haupt und Herzen dir
Und webt in ewigem Geheimnis
Unsichtbar sichtbar neben dir?   3450
Erfüll davon dein Herz, so groß es ist,
Und wenn du ganz in dem Gefühle selig bist,
Nenn es dann, wie du willst,
Nenn's Glück! Herz! Liebe! Gott!
Ich habe keinen Namen   3455
Dafür! Gefühl ist alles;
Name ist Schall und Rauch,
Umnebelnd Himmelsglut.
MARGARETE. Das ist alles recht schön und gut;
Ungefähr sagt das der Pfarrer auch,   3460
Nur mit ein bisschen andern Worten.
FAUST. Es sagens's allerorten
Alle Herzen unter dem himmlischen Tage,
Jedes in seiner Sprache;
Warum nicht ich in der meinen?   3465
MARGARETE. Wenn man's so hört, möcht's leidlich scheinen,
Steht aber doch immer schief darum;
Denn du hast kein Christentum.
FAUST. Liebs Kind!
MARGARETE.   Es tut mir lang schon weh,
Dass ich dich in der Gesellschaft seh.   3470
FAUST. Wieso?
MARGARETE. Der Mensch, den du da bei dir hast,
Ist mir in tiefer innrer Seele verhasst;
Es hat mir in meinem Leben

3438 f. *Der Allumfasser/Der Allerhalter*: merkwürdige Mischung aus pantheistischen und monotheistischen Auffassungen
3457 *Name ist … Rauch*: Es kommt auf die religiöse Empfindung an, nicht auf ihre Benennung.

So nichts einen Stich ins Herz gegeben
Als des Menschen widrig Gesicht. 3475
FAUST. Liebe Puppe, fürcht ihn nicht!
MARGARETE. Seine Gegenwart bewegt mir das Blut.
Ich bin sonst allen Menschen gut;
Aber wie ich mich sehne dich zu schauen,
Hab ich vor dem Menschen ein heimlich Grauen 3480
Und halt ihn für einen Schelm dazu!
Gott verzeih mir's, wenn ich ihm Unrecht tu!
FAUST. Es muss auch solche Käuze geben.
MARGARETE. Wollte nicht mit seinesgleichen leben!
Kommt er einmal zur Tür herein, 3485
Sieht er immer so spöttisch drein
Und halb ergrimmt;
Man sieht, dass er an nichts keinen Anteil nimmt;
Es steht ihm an der Stirn geschrieben,
Dass er nicht mag eine Seele lieben. 3490
Mir wird's so wohl in deinem Arm,
So frei, so hingegeben warm,
Und seine Gegenwart schnürt mir das Innre zu.
FAUST. Du ahnungsvoller Engel du!
MARGARETE. Das übermannt mich so sehr, 3495
Dass, wo er nur mag zu uns treten,
Mein' ich sogar, ich liebte dich nicht mehr.
Auch, wenn er da ist, könnt ich nimmer beten,
Und das frisst mir ins Herz hinein;
Dir, Heinrich, muss es auch so sein. 3500
FAUST. Du hast nun die Antipathie!
MARGARETE. Ich muss nun fort.
FAUST.   Ach, kann ich nie
Ein Stündchen ruhig dir am Busen hängen
Und Brust an Brust und Seel in Seele drängen?
MARGARETE. Ach, wenn ich nur alleine schlief! 3505
Ich ließ dir gern heut Nacht den Riegel offen;
Doch meine Mutter schläft nicht tief,
Und würden wir von ihr betroffen,
Ich wär gleich auf der Stelle tot!
FAUST. Du Engel, das hat keine Not. 3510
Hier ist ein Fläschchen! Drei Tropfen nur

3480 *heimlich Grauen*: ein bislang noch nicht gekanntes Grauen
3481 *Schelm*: hier nicht wie 3205, sondern im Sinne eines Kriminellen
3508 *betroffen*: bemerkt, angetroffen

In ihren Trank umhüllen
Mit tiefem Schlaf gefällig die Natur.
MARGARETE. Was tu' ich nicht um deinetwillen?
　Es wird ihr hoffentlich nicht schaden! 3515
FAUST. Würd ich sonst, Liebchen, dir es raten?
MARGARETE. Seh ich dich, bester Mann, nur an,
　Weiß nicht, was mich nach deinem Willen treibt;
　Ich habe schon so viel für dich getan,
　Dass mir zu tun fast nichts mehr übrig bleibt. *Ab.* 3520
　MEPHISTOPHELES tritt auf.
MEPHISTOPHELES. Der Grasaff'! ist er weg?
FAUST. 　　　　　　　　　Hast wieder spioniert?
MEPHISTOPHELES. Ich hab's ausführlich wohl vernommen,
　Herr Doktor wurden da katechisiert;
　Hoff, es soll Ihnen wohl bekommen.
　Die Mädels sind doch sehr interessiert, 3525
　Ob einer fromm und schlicht nach altem Brauch.
　Sie denken: Duckt er da, folgt er uns eben auch.
FAUST. Du Ungeheuer siehst nicht ein,
　Wie diese treue liebe Seele,
　Von ihrem Glauben voll, 3530
　Der ganz allein
　Ihr selig machend ist, sich heilig quäle,
　Dass sie den liebsten Mann verloren halten soll.
MEPHISTOPHELES. Du übersinnlicher sinnlicher Freier,
　Ein Mägdelein nasführet dich. 3535
FAUST. Du Spottgeburt von Dreck und Feuer!
MEPHISTOPHELES. Und die Physiognomie versteht sie meisterlich:
　In meiner Gegenwart wird's ihr, sie weiß nicht wie,
　Mein Mäskchen da weissagt verborgnen Sinn;
　Sie fühlt, dass ich ganz sicher ein Genie, 3540
　Vielleicht wohl gar der Teufel bin.
　Nun, heute Nacht –?
FAUST. 　　　　　　Was geht dich's an?
MEPHISTOPHELES. Hab ich doch meine Freude dran!

3521 *Grasaff'*: von mhd. grâzen, sich anmaßend bzw. übermütig gebärden; Frankfurter Dialekt
3523 *katechisiert*: auf den rechten Glauben hin befragt
3537 *Physiognomie*: ↑ Glossar
3539 *Mäskchen*: Der Teufel – so sieht er sich selbst – hat viele Gesichter (Masken) und kein charakteristisch eigenes.

AM BRUNNEN

GRETCHEN und LIESCHEN mit Krügen.

LIESCHEN. Hast nichts von Bärbelchen gehört?

GRETCHEN. Kein Wort. Ich komm gar wenig unter Leute. 3545

LIESCHEN. Gewiss, Sibylle sagt' mir's heute!
Die hat sich endlich auch betört.
Das ist das Vornehmtun!

GRETCHEN. Wieso?

LIESCHEN. Es stinkt!
Sie füttert zwei, wenn sie nun isst und trinkt.

GRETCHEN. Ach! 3550

LIESCHEN. So ist's ihr endlich recht ergangen.
Wie lange hat sie an dem Kerl gehangen!
Das war ein Spazieren,
Auf Dorf und Tanzplatz Führen,
Musst überall die Erste sein, 3555
Kurtesiert' ihr immer mit Pastetchen und Wein;
Bild't' sich was auf ihre Schönheit ein,
War doch so ehrlos sich nicht zu schämen
Geschenke von ihm anzunehmen.
War ein Gekos und ein Geschleck; 3560
Da ist denn auch das Blümchen weg!

GRETCHEN. Das arme Ding!

LIESCHEN. Bedauerst sie noch gar!
Wenn unsereins am Spinnen war,
Uns nachts die Mutter nicht hinunterließ,
Stand sie bei ihrem Buhlen süß, 3565
Auf der Türbank und im dunkeln Gang
Ward ihnen keine Stunde zu lang.
Da mag sie denn sich ducken nun,
Im Sünderhemdchen Kirchbuß tun!

GRETCHEN. Er nimmt sie gewiss zu seiner Frau. 3570

LIESCHEN. Er wär ein Narr! Ein flinker Jung
Hat anderwärts noch Luft genung.
Er ist auch fort.

3547 *Die hat sich ... betört*: hat sich betören lassen, ist der Betörung anheimgefallen
3556 *Kurtesiert' ihr*: schmeichelt ihr, macht ihr den Hof; zu beachten ist der Wechsel der Bezugs-
personen „er" und „sie"
3561 *das Blümchen weg*: die Monatsregel bleibt aus
3569 *Kirchbuß*: öffentliche Bloßstellung von Sündern durch Kanzelworte; Goethe erreichte
1786 in Weimar die Aufhebung des Brauchs, der u.a. zu vielen Kindestötungen geführt hatte.

GRETCHEN.   Das ist nicht schön!

LIESCHEN. Kriegt sie ihn, soll's ihr übel gehn.

Das Kränzel reißen die Buben ihr   3575

Und Häckerling streuen wir vor die Tür! *Ab.*

GRETCHEN *nach Hause gehend.* Wie konnt ich sonst so tapfer schmälen,

Wenn tät ein armes Mägdlein fehlen!

Wie konnt ich über andrer Sünden

Nicht Worte gnug der Zunge finden!   3580

Wie schien mir's schwarz und schwärzt's noch gar,

Mir's immer doch nicht schwarz gnug war

Und segnet' mich und tat so groß

Und bin nun selbst der Sünde bloß!

Doch – alles, was dazu mich trieb,   3585

Gott! war so gut! ach war so lieb!

ZWINGER

In der Mauerhöhle ein Andachtsbild der Mater dolorosa, Blumenkrüge davor.
GRETCHEN *steckt frische Blumen in die Krüge.*

Ach neige,

Du Schmerzenreiche,

Dein Antlitz gnädig meiner Not!

Das Schwert im Herzen,   3590

Mit tausend Schmerzen

Blickst auf zu deines Sohnes Tod.

Zum Vater blickst du

Und Seufzer schickst du

Hinauf um sein' und deine Not.   3595

3575 f. *Kränzel … Häckerling*: Nach altem Brauch wurde Frauen, die nicht „unschuldig" in die
Ehe gingen, der Myrtenkranz vom Kopf gerissen und statt Blumen wurde Häcksel gestreut.
3577 *schmälen*: spotten, verspotten
3578 *fehlen*: einen Fehltritt begehen
3584 *der Sünde bloß*: der Sünde gegenüber wehrlos
vor 3587 *Mater dolorosa*: die Schmerzensmutter, d. h. Maria
3587 ff.: abgewandelt wiederkehrend in den Versen 12069 ff. am Ende des 2. Teils
3590 *Das Schwert im Herzen*: metaphorischer Ausdruck nach Luk. 2,35. Anklänge an den *Stabat
mater dolorosa*-Hymnus

Wer fühlet,
Wie wühlet
Der Schmerz mir im Gebein?
Was mein armes Herz hier banget,
Was es zittert, was verlanget,   3600
Weißt nur du, nur du allein!

Wohin ich immer gehe,
Wie weh, wie weh, wie wehe
Wird mir im Busen hier!
Ich bin, ach! kaum alleine,   3605
Ich wein, ich wein, ich weine,
Das Herz zerbricht in mir.

Die Scherben vor meinem Fenster
Betaut ich mit Tränen, ach!
Als ich am frühen Morgen   3610
Dir diese Blumen brach.

Schien hell in meine Kammer
Die Sonne früh herauf,
Saß ich in allem Jammer
In meinem Bett schon auf.   3615

Hilf! rette mich von Schmach und Tod!
Ach neige,
Du Schmerzenreiche,
Dein Antlitz gnädig meiner Not!

3605 *Ich bin ... alleine*: kaum bin ich allein
3608 *Scherben*: hier: mundartlich Blumentöpfe
3611 *Dir*: alles an die Mater dolorosa gerichtet

NACHT

Straße vor Gretchens Türe.
VALENTIN, *Soldat, Gretchens Bruder.*

Wenn ich so saß bei einem Gelag,	3620
Wo mancher sich berühmen mag,	
Und die Gesellen mir den Flor	
Der Mägdlein laut gepriesen vor,	
Mit vollem Glas das Lob verschwemmt,	
Den Ellenbogen aufgestemmt	3625
Saß ich in meiner sichern Ruh,	
Hört all dem Schwadronieren zu	
Und streiche lächelnd meinen Bart	
Und kriege das volle Glas zur Hand	
Und sage: Alles nach seiner Art!	3630
Aber ist eine im ganzen Land,	
Die meiner trauten Gretel gleicht,	
Die meiner Schwester das Wasser reicht?	
Topp! Topp! Kling! Klang! das ging herum;	
Die einen schrieen: Er hat Recht,	3635
Sie ist die Zier vom ganzen Geschlecht!	
Da saßen alle die Lober stumm.	
Und nun! – um 's Haar sich auszuraufen	
Und an den Wänden hinaufzulaufen! –	
Mit Stichelreden, Naserümpfen	3640
Soll jeder Schurke mich beschimpfen!	
Soll wie ein böser Schuldner sitzen,	
Bei jedem Zufallswörtchen schwitzen!	
Und möcht ich sie zusammenschmeißen,	
Könnt ich sie doch nicht Lügner heißen.	3645

Was kommt heran? Was schleicht herbei?
Irr ich nicht, es sind ihrer zwei.
Ist er's, gleich pack ich ihn beim Felle,
Soll nicht lebendig von der Stelle!
FAUST. MEPHISTOPHELES.

Nacht: Verse 3620–45, 3650–59 schon im *Urfaust*, die anderen bis März 1806 hinzugefügt
3621 *sich berühmen*: sich rühmen
3622 *Flor*: „Blütenkranz", d. h. Gruppe
3624 *verschwemmt*: das Leeren der Gläser beim Trinken auf die Mädchen
3633 *das Wasser reicht*: Brunnen-Bildlichkeit: die ihr gleichkommt

FAUST. Wie von dem Fenster dort der Sakristei   3650
Aufwärts der Schein des ew'gen Lämpchens flämmert
Und schwach und schwächer seitwärts dämmert
Und Finsternis drängt ringsum bei!
So sieht's in meinem Busen nächtig.
MEPHISTOPHELES. Und mir ist's wie dem Kätzlein schmächtig,   3655
Das an den Feuerleitern schleicht,
Sich leis dann um die Mauern streicht;
Mir ist's ganz tugendlich dabei,
Ein bisschen Diebsgelüst, ein bisschen Rammelei.
So spukt mir schon durch alle Glieder   3660
Die herrliche Walpurgisnacht.
Die kommt uns übermorgen wieder,
Da weiß man doch, warum man wacht.
FAUST. Rückt wohl der Schatz indessen in die Höh,
Den ich dort hinten flimmern seh?   3665
MEPHISTOPHELES. Du kannst die Freude bald erleben
Das Kesselchen herauszuheben.
Ich schielte neulich so hinein,
Sind herrliche Löwentaler drein.
FAUST. Nicht ein Geschmeide, nicht ein Ring,   3670
Meine liebe Buhle damit zu zieren?
MEPHISTOPHELES. Ich sah dabei wohl so ein Ding
Als wie eine Art von Perlenschnüren.
FAUST. So ist es recht! Mir tut es weh,
Wenn ich ohne Geschenke zu ihr geh.   3675
MEPHISTOPHELES. Es sollt Euch eben nicht verdrießen,
Umsonst auch etwas zu genießen.
Jetzt, da der Himmel voller Sterne glüht,
Sollt Ihr ein wahres Kunststück hören:
Ich sing ihr ein moralisch Lied   3680
Um sie gewisser zu betören.

3651 *flämmert*: flackert, flimmert
3655 *schmächtig*: begehrend, schmachtend
3658 *tugendlich*: behaglich
3661 *Walpurgisnacht*: 3835 ff., die Nacht der Hexen und des Satans vor dem 1. Mai
3662 *übermorgen*: Also ist die jetzige Nacht die des 28. April.
3664 *Schatz*: wieder als Geschenk für Margarete, vgl. 3675
3667 *Kesselchen*: Behälter
3669 *Löwentaler*: Silbermünze mit Löwenwappen
3673 *Perlenschnüren*: Perlen bedeuten Tränen, was Faust nicht zu wissen scheint. Vorausdeutung auf 4204
3680 *moralisch Lied*: Schöne (335): „höhnischer Zynismus"

Singt zur Zither.

Was machst du mir
Vor Liebchens Tür,
Kathrinchen, hier
Bei frühem Tagesblicke? 3685
Lass, lass es sein!
Er lässt dich ein,
Als Mädchen ein,
Als Mädchen nicht zurücke.

Nehmt euch in Acht! 3690
Ist es vollbracht,
Dann gute Nacht,
Ihr armen, armen Dinger!
Habt ihr euch lieb,
Tut keinem Dieb 3695
Nur nichts zulieb
Als mit dem Ring am Finger.

VALENTIN *tritt vor.* Wen lockst du hier? beim Element!
Vermaledeiter Rattenfänger!
Zum Teufel erst das Instrument! 3700
Zum Teufel hinterdrein den Sänger!
MEPHISTOPHELES. Die Zither ist entzwei! an der ist nichts zu halten.
VALENTIN. Nun soll es an ein Schädelspalten!
MEPHISTOPHELES *zu Faust.* Herr Doktor, nicht gewichen! Frisch!
Hart an mich an, wie ich Euch führe. 3705
Heraus mit Eurem Flederwisch!
Nur zugestoßen! ich pariere.
VALENTIN. Pariere den!
MEPHISTOPHELES.   Warum denn nicht?
VALENTIN. Auch den!
MEPHISTOPHELES.   Gewiss!

3682 ff: Quelle des Liedes ist Ophelias Lied in Shakespeares *Hamlet*, IV, 5. Goethe bezieht sich
auf Schlegels Übersetzung, die er mit der eigenen 2. Strophe ergänzt. Mephistos Warnung stellt
insbesondere deswegen einen Zynismus dar, weil er weiß, dass das, wovon er spricht, bereits geschehen ist.
3699 *Rattenfänger*: hier: Mädchenfänger, Verführer
3703 *Schädelspalten*: Valentins Aggression richtet sich auf den Sänger Mephisto. Dieser zieht
Faust in den Kampf hinein, um ihn schuldig am Tod Valentins werden zu lassen. Schönes These
(336), Faust handele und töte in Notwehr, leuchtet aufgrund der gegebenen Konstellation nicht
ein. Er könnte ja den Platz verlassen.
3706 *Flederwisch*: spöttisch für Galanterie-Degen, der zur Zierde getragen wurde

VALENTIN.   Ich glaub, der Teufel ficht!
Was ist denn das? Schon wird die Hand mir lahm.   3710
MEPHISTOPHELES *zu Faust.* Stoß zu!
VALENTIN *fällt.*   O weh!
MEPHISTOPHELES.   Nun ist der Lümmel zahm!
Nun aber fort! Wir müssen gleich verschwinden:
Denn schon entsteht ein mörderlich Geschrei.
Ich weiß mich trefflich mit der Polizei,
Doch mit dem Blutbann schlecht mich abzufinden.   3715
MARTHE *am Fenster.* Heraus! Heraus!
GRETCHEN *am Fenster.*   Herbei ein Licht!
MARTHE *wie oben.* Man schilt und rauft, man schreit und ficht.
VOLK. Da liegt schon einer tot!
MARTHE *heraustretend.*   Die Mörder, sind sie denn entflohn?
GRETCHEN *heraustretend.* Wer liegt hier?
VOLK.   Deiner Mutter Sohn.   3720
GRETCHEN. Allmächtiger! welche Not!
VALENTIN. Ich sterbe! das ist bald gesagt
Und bälder noch getan.
Was steht ihr Weiber, heult und klagt?
Kommt her und hört mich an! *Alle treten um ihn.*   3725
Mein Gretchen, sieh! du bist noch jung,
Bist gar noch nicht gescheit genung,
Machst deine Sachen schlecht.
Ich sag dir's im Vertrauen nur:
Du bist doch nun einmal eine Hur';   3730
So sei's auch eben recht.
GRETCHEN. Mein Bruder! Gott! Was soll mir das?
VALENTIN. Lass unsern Herrgott aus dem Spaß.
Geschehn ist leider nun geschehn
Und wie es gehn kann, so wird's gehn.   3735
Du fingst mit einem heimlich an,
Bald kommen ihrer mehre dran,
Und wenn dich erst ein Dutzend hat,
So hat dich auch die ganze Stadt.

Wenn erst die Schande wird geboren,   3740
Wird sie heimlich zur Welt gebracht
Und man zieht den Schleier der Nacht
Ihr über Kopf und Ohren;

3715 *Blutbann*: im Namen Gottes vollzogene Gerichtsbarkeit des Landesherren bei Kapitalverbrechen

Ja, man möchte sie gern ermorden.
Wächst sie aber und macht sich groß, 3745
Dann geht sie auch bei Tage bloß
Und ist doch nicht schöner geworden.
Je hässlicher wird ihr Gesicht,
Je mehr sucht sie des Tages Licht.

Ich seh wahrhaftig schon die Zeit, 3750
Dass alle brave Bürgersleut,
Wie von einer angesteckten Leichen,
Von dir, du Metze! seitab weichen.
Dir soll das Herz im Leib verzagen,
Wenn sie dir in die Augen sehn! 3755
Sollst keine goldne Kette mehr tragen!
In der Kirche nicht mehr am Altar stehn!
In einem schönen Spitzenkragen
Dich nicht beim Tanze wohlbehagen!
In eine finstre Jammerecken 3760
Unter Bettler und Krüppel dich verstecken
Und, wenn dir dann auch Gott verzeiht,
Auf Erden sein vermaledeit!
MARTHE. Befehlt Eure Seele Gott zu Gnaden!
Wollt Ihr noch Lästrung auf Euch laden? 3765
VALENTIN. Könnt ich dir nur an den dürren Leib,
Du schändlich kupplerisches Weib!
Da hofft ich aller meiner Sünden
Vergebung reiche Maß zu finden.
GRETCHEN. Mein Bruder! Welche Höllenpein! 3770
VALENTIN. Ich sage, lass die Tränen sein!
Da du dich sprachst der Ehre los,
Gabst mir den schwersten Herzensstoß.
Ich gehe durch den Todesschlaf
Zu Gott ein als Soldat und brav. *Stirbt.* 3775

3746 *bloß*: unverhüllt, nackt (die Schande)
3752 *angesteckten Leichen*: Leiche, die aufgrund einer Seuche selbst ansteckend ist
3756 f. *Kette ... Altar stehn*: Eine Frankfurter Polizeiordnung des 16. Jh.s verbot, dass eine „öffentliche bulerin" goldene Ketten trug und in der Kirche einen Platz einnahm.
3769 *reiche Maß*: altertümliche weibliche Form

DOM

Amt, Orgel und Gesang.
GRETCHEN unter vielem Volke. BÖSER GEIST hinter Gretchen.
BÖSER GEIST. Wie anders, Gretchen, war dir's,
Als du noch voll Unschuld
Hier zum Altar tratst,
Aus dem vergriffnen Büchelchen
Gebete lalltest,   3780
Halb Kinderspiele,
Halb Gott im Herzen!
Gretchen!
Wo steht dein Kopf?
In deinem Herzen   3785
Welche Missetat?
Betst du für deiner Mutter Seele, die
Durch dich zur langen, langen Pein hinüberschlief?
Auf deiner Schwelle wessen Blut?
– Und unter deinem Herzen   3790
Regt sich's nicht quillend schon
Und ängstet dich und sich
Mit ahnungsvoller Gegenwart?
GRETCHEN. Weh! Weh!
Wär ich der Gedanken los,   3795
Die mir herüber und hinüber gehen
Wider mich!
CHOR. Dies irae, dies illa
Solvet saeclum in favilla.
Orgelton.
BÖSER GEIST. Grimm fasst dich!   3800
Die Posaune tönt!
Die Gräber beben!

Dom: Im *Urfaust* war die Szene an anderer Stelle plaziert (*Am Brunnen – Zwinger – Dom – Valentin*) und stand unter der Funktionsbestimmung *Exequien* [Totenamt] *der Mutter Gretgens.* Auch hier ist noch das Totenamt (*Amt*) bewahrt, doch bleibt unbestimmt, wem es gewidmet ist. Die Loslösung von einer bestimmten Person legt den Gedanken nahe, dass Margarete dem Tod überhaupt konfrontiert wird und ihn, vermittelt über die Projektion ihres Gewissens, den *Bösen Geist*, auf sich selbst bezieht. Der *Böse Geist* ist gewiss nicht mit Mephisto im Bunde, steht vielmehr als innere Instanz der äußeren des Chors gegenüber, der das kirchliche Dogma verkündet. Beide Instanzen wirken bedrängend und quälend auf Margarete ein.
3797 *Wider mich*: Die eigenen Gedanken richten sich gegen sie: Schuldempfindung.
3798 f. *Dies irae ... favilla*: Der Tag des Zorns, jener Tag wird die Welt in Asche verbrennen.
3801 ff. *Die Posaune ... Bebt auf!*: Vorstellungen vom Jüngsten Gericht

Und dein Herz,
Aus Aschenruh
Zu Flammenqualen   3805
Wieder aufgeschaffen,
Bebt auf!
GRETCHEN. Wär ich hier weg!
Mir ist, als ob die Orgel mir
Den Atem versetzte,   3810
Gesang mein Herz
Im Tiefsten löste.
CHOR. Judex ergo cum sedebit,
Quidquid latet adparebit,
Nil inultum remanebit.   3815
GRETCHEN. Mir wird so eng!
Die Mauernpfeiler
Befangen mich!
Das Gewölbe
Drängt mich! – Luft!   3820
BÖSER GEIST. Verbirg dich! Sünd und Schande
Bleibt nicht verborgen.
Luft? Licht?
Weh dir!
CHOR. Quid sum miser tunc dicturus?   3825
Quem patronum rogaturus?
Cum vix justus sit securus.
BÖSER GEIST. Ihr Antlitz wenden
Verklärte von dir ab.
Die Hände dir zu reichen   3830
Schauert's den Reinen.
Weh!

3805 *Zu Flammenqualen*: zum Höllenfeuer
3810 ff. *Den Atem versetzte … löste*: widersprüchliche Empfindung: Zum einen stockt der Atem,
zum anderen wird das Herz aus seiner Erstarrung gelöst.
3813 ff. *Judex … remanebit*: Wenn der Richter also zu Gericht sitzen wird, wird alles Verborge-
ne offenbar werden und nichts ungestraft bleiben.
3821 ff. *Verbirg dich … Weh dir!*: Der Böse Geist nimmt die Gerichtsdrohung wieder auf und
wendet sie konkret auf Margaretes Situation an, indem er gleichzeitig auf ihre Worte (*Luft*) Bezug nimmt.
3825 ff. *Quid sum … securus*: Was werde ich Elender dann sagen, wen um Fürsprache bitten, da
doch kaum der Gerechte sich sicher fühlen mag.

CHOR. Quid sum miser tunc dicturus?
GRETCHEN. Nachbarin! Euer Fläschchen! –
Sie fällt in Ohnmacht.

WALPURGISNACHT

Harzgebirg. Gegend von Schierke und Elend.
FAUST. MEPHISTOPHELES.

MEPHISTOPHELES. Verlangst du nicht nach einem Besenstiele?   3835
Ich wünschte mir den allerderbsten Bock.
Auf diesem Weg sind wir noch weit vom Ziele.
FAUST. Solang' ich mich noch frisch auf meinen Beinen fühle,
Genügt mir dieser Knotenstock.
Was hilft's, dass man den Weg verkürzt! –   3840
Im Labyrinth der Täler hinzuschleichen,
Dann diesen Felsen zu ersteigen,
Von dem der Quell sich ewig sprudelnd stürzt,
Das ist die Lust, die solche Pfade würzt!
Der Frühling webt schon in den Birken,   3845
Und selbst die Fichte fühlt ihn schon;
Sollt er nicht auch auf unsre Glieder wirken?
MEPHISTOPHELES. Fürwahr, ich spüre nichts davon!
Mir ist es winterlich im Leibe,
Ich wünschte Schnee und Frost auf meiner Bahn.   3850

3833 *Quid sum … dicturus*: intensivierende Wiederholung von 3825
3834 *Nachbarin! Euer Fläschchen!*: Gemeint ist das zeittypische Riechfläschchen, das (schwangere) Frauen mit sich trugen, um Ohnmachten zu verhüten. Die Stelle galt zu G.s Zeit als anstößig.
Walpurgisnacht: entstanden wohl zwischen 1797 und 1806; zurückgehend auf einen Kupferstich von Michael Herr „Eigentlicher Entwurf und Abbildung des Gottlosen und verfluchten Zauber Festes" von 1650 sowie auf Goethes eigene Anschauung von mehreren Harzreisen. Die Szene bildet zum einen ein Gegenstück zum **Prolog im Himmel**, zum andern, zusammen mit **Hexenküche**, eine Art Rahmen für den größten Teil der Gretchenhandlung. Wurde Faust dort auf sein erotisches Erlebnis vorbereitet, so entfernt Mephisto ihn hier aus der Gretchenwelt um ihn durch *das wilde Leben*, durch *flache Unbedeutenheit* (1860 f.) abzulenken. Mit ihrer Mischung aus gesprochenen und gesungenen (*Wechselgesang, Chor*) Passagen trägt die Wandel-Szene opernhafte Züge („Hexenoper" Schöne 342; Musik ist aber nicht überliefert). Faust und Mephisto erleben in der Walpurgisnacht vom 30. April auf den 1. Mai verschiedene Stationen („Stationenstück") des „Hexensabbats", der in dieser Nacht im *Harzgebirg* stattfindet, in der nach alter Sage die Hexen zum Blocksberg (Brocken) ziehen. Schierke und Elend sind Orte am Fuße des Brocken, der höchsten Erhebung des Harzes.
3835 *Besenstiele*: Auf ihnen reiten der Sage nach Hexen und Teufel, ebenso auf *Gabeln* (3976).

Wie traurig steigt die unvollkommne Scheibe
Des roten Monds mit später Glut heran
Und leuchtet schlecht, dass man bei jedem Schritte
Vor einen Baum, vor einen Felsen rennt!
Erlaub, dass ich ein Irrlicht bitte! 3855
Dort seh ich eins, das eben lustig brennt.
He da! mein Freund! darf ich dich zu uns fodern?
Was willst du so vergebens lodern?
Sei doch so gut und leucht uns da hinauf!
IRRLICHT. Aus Ehrfurcht, hoff ich, soll es mir gelingen, 3860
Mein leichtes Naturell zu zwingen;
Nur zickzack geht gewöhnlich unser Lauf.
MEPHISTOPHELES. Ei! Ei! Er denkt's den Menschen nachzuahmen.
Geh Er nur grad in 's Teufels Namen!
Sonst blas ich Ihm sein Flackerleben aus. 3865
IRRLICHT. Ich merke wohl, Ihr seid der Herr vom Haus,
Und will mich gern nach Euch bequemen.
Allein bedenkt! der Berg ist heute zaubertoll,
Und wenn ein Irrlicht Euch die Wege weisen soll,
So müsst Ihr's so genau nicht nehmen. 3870
FAUST, MEPHISTOPHELES, IRRLICHT *im Wechselgesang.*
    In die Traum- und Zaubersphäre
    Sind wir, scheint es, eingegangen.
    Führ uns gut und mach dir Ehre,
    Dass wir vorwärts bald gelangen
    In den weiten, öden Räumen! 3875

    Seh die Bäume hinter Bäumen,
    Wie sie schnell vorüberrücken,
    Und die Klippen, die sich bücken,
    Und die langen Felsennasen,
    Wie sie schnarchen, wie sie blasen! 3880

3851–53 *Wie traurig … schlecht*: Gegenbild zur Sonne im **Prolog**, 243 ff.
3855 *Irrlicht*: unstet (*zickzack*, 3862) flackerndes Flämmchen über Moorboden; nach dem
Volksglauben in die Irre, besonders in den Sumpf führend
vor 3871 *Wechselgesang*: Die fehlende Verteilung der drei Stimmen des Terzetts hat die Kommentatoren zu unterschiedlichen Vorschlägen angeregt. Deutlich ist die *Traum- und Zaubersphäre*, die durch die hier neu einsetzenden vierhebigen Trochäen mit klingenden (weiblichen, also zweisilbigen) Reimen, durch Bilder, Metaphern, Alliterationen und klangmalende Elemente, die Mischung aus objektiven und subjektiven, die Natur dämonisierenden Gesichts- und Gehörseindrücken sprachlich erzeugt wird.
3880 *schnarchen*: Schnarcher(klippen): zwei zwischen Elend und Schierke gelegene Granitfelsen, an denen „starker Südwestwind tatsächlich Schnarchgeräusche" hervorruft (Schöne 347)

Durch die Steine, durch den Rasen
Eilet Bach und Bächlein nieder.
Hör ich Rauschen? hör ich Lieder?
Hör ich holde Liebesklage,
Stimmen jener Himmelstage?   3885
Was wir hoffen, was wir lieben!
Und das Echo, wie die Sage
Alter Zeiten, hallet wider.

Uhu! Schuhu! tönt es näher,
Kauz und Kiebitz und der Häher,   3890
Sind sie alle wach geblieben?
Sind das Molche durchs Gesträuche?
Lange Beine, dicke Bäuche!
Und die Wurzeln, wie die Schlangen,
Winden sich aus Fels und Sande,   3895
Strecken wunderliche Bande
Uns zu schrecken, uns zu fangen;
Aus belebten derben Masern
Strecken sie Polypenfasern
Nach dem Wandrer. Und die Mäuse   3900
Tausendfärbig, scharenweise,
Durch das Moos und durch die Heide!
Und die Funkenwürmer fliegen
Mit gedrängten Schwärmezügen
Zum verwirrenden Geleite.   3905

Aber sag mir, ob wir stehen
Oder ob wir weiter gehen?
Alles, alles scheint zu drehen,
Fels und Bäume, die Gesichter
Schneiden, und die irren Lichter,   3910
Die sich mehren, die sich blähen.

MEPHISTOPHELES. Fasse wacker meinen Zipfel!
    Hier ist so ein Mittelgipfel,

3898 *Masern*: knorrige Auswüchse an den Bäumen
3903 *Funkenwürmer*: Glühwürmchen
3906–11: Die Vervierfachung des Reimwortes verstärkt den Eindruck des *alles scheint zu drehen*.

Wo man mit Erstaunen sieht,
Wie im Berg der Mammon glüht.   3915
FAUST. Wie seltsam glimmert durch die Gründe
Ein morgenrötlich trüber Schein!
Und selbst bis in die tiefen Schlünde
Des Abgrunds wittert er hinein.
Da steigt ein Dampf, dort ziehen Schwaden,   3920
Hier leuchtet Glut aus Dunst und Flor,
Dann schleicht sie wie ein zarter Faden,
Dann bricht sie wie ein Quell hervor.
Hier schlingt sie eine ganze Strecke
Mit hundert Adern sich durchs Tal   3925
Und hier in der gedrängten Ecke
Vereinzelt sie sich auf einmal.
Da sprühen Funken in der Nähe,
Wie ausgestreuter goldner Sand.
Doch schau! in ihrer ganzen Höhe   3930
Entzündet sich die Felsenwand.
MEPHISTOPHELES. Erleuchtet nicht zu diesem Feste
Herr Mammon prächtig den Palast?
Ein Glück, dass du's gesehen hast;
Ich spüre schon die ungestümen Gäste.   3935
FAUST. Wie rast die Windsbraut durch die Luft!
Mit welchen Schlägen trifft sie meinen Nacken!
MEPHISTOPHELES. Du musst des Felsens alte Rippen packen,
Sonst stürzt sie dich hinab in dieser Schlünde Gruft.
Ein Nebel verdichtet die Nacht.   3940

3915 *Mammon*: Reichtum, Schatz, Geld, Gold; kennzeichnet (wie die Geschlechtlichkeit) die
Satansherrschaft.
3916–31: In der poetisch-phantastischen Beschreibung des in der Erde verborgenen Reichtums,
der wie ein Teufelsfeuerwerk aufglühenden Erzadern im Gestein, greift Goethe zurück auf fach-
liche und fachsprachliche Kenntnisse aus seiner Tätigkeit im Ilmenauer Bergbau und vielleicht
Eindrücke bei einem Besuch der Grube „Dorothea" bei Clausthal.
3916 *glimmert*: Goethe'sche Wortbildung aus „glimmen" (schwach leuchten) und „Glimmer",
einem Bestandteil des Granits, aus dem das Brockenmassiv besteht, volkstümlich auch „Katzen-
gold" genannt (Goldvorkommen gab es im Harz nicht.)
3919 *wittert*: zu „Witterung", „Witterungsfeuer" (Bergmannssprache): (feurige) Dämpfe über
Erzgängen
3920 *Schwaden*: giftige Grubendünste, böse Wetter (Bergmannssprache)
3921 *Flor*: hier: Schleier
3922 *Faden*: dünne Metallader
3924 *Strecke*: Teil eines Bergstollens
3935 *ungestümen Gäste*: die herannahenden Hexen (3956 ff.)
3936 *Windsbraut*: Sturmesbrausen

Höre, wie's durch die Wälder kracht!
Aufgescheucht fliegen die Eulen.
Hör, es splittern die Säulen
Ewig grüner Paläste.
Girren und Brechen der Äste! 3945
Der Stämme mächtiges Dröhnen!
Der Wurzeln Knarren und Gähnen!
Im fürchterlich verworrenen Falle
Übereinander krachen sie alle
Und durch die übertrümmerten Klüfte 3950
Zischen und heulen die Lüfte.
Hörst du Stimmen in der Höhe?
In der Ferne, in der Nähe?
Ja, den ganzen Berg entlang
Strömt ein wütender Zaubergesang! 3955
HEXEN *im Chor.* Die Hexen zu dem Brocken ziehn,
Die Stoppel ist gelb, die Saat ist grün.
Dort sammelt sich der große Hauf,
Herr Urian sitzt obenauf.
So geht es über Stein und Stock, 3960
Es f[arz]t die Hexe, es st[ink]t der Bock.
STIMME. Die alte Baubo kommt allein,
Sie reitet auf einem Mutterschwein.
CHOR.   So Ehre denn, wem Ehre gebührt!
Frau Baubo vor! und angeführt! 3965
Ein tüchtig Schwein und Mutter drauf,
Da folgt der ganze Hexenhauf.
STIMME. Welchen Weg kommst du her?
STIMME.   Übern Ilsenstein!
Da guckt ich der Eule ins Nest hinein,
Die macht ein Paar Augen!

3940–55: Der Wechsel vom Madrigalvers zu Versen mit wechselnder Hebungs- und Senkungs-
zahl, die rhythmisch und dazu lautmalend die Gewalt des Orkans nachzeichnen, könnte einen
Sprecherwechsel zu Faust andeuten, der in der Handschrift vielleicht nur versehentlich fehlt.
3943 *Säulen:* Baumstämme
3961 *f[arz]t:* furzt; vgl. Anm. zu 1821
3962 *Baubo:* hier: Bezeichnung für ein schamloses Weib; in der antiken Sage der Name von De-
meters Amme, die ihre Herrin durch schamlose Witze aufzuheitern suchte
3964 *Ehre … gebührt:* ironisch lästernde Anspielung auf Römer 13,7: „Ehre, dem die Ehre gebührt"
3968 *Ilsenstein:* Felsenstein in der Nähe des Brocken

STIMME.   O fahre zur Hölle!   3970
    Was reitst du so schnelle!
STIMME. Mich hat sie geschunden,
    Da sieh nur die Wunden!
HEXEN. CHOR. Der Weg ist breit, der Weg ist lang,
        Was ist das für ein toller Drang?   3975
        Die Gabel sticht, der Besen kratzt,
        Das Kind erstickt, die Mutter platzt.
HEXENMEISTER. HALBES CHOR.
        Wir schleichen wie die Schneck im Haus,
        Die Weiber alle sind voraus.
        Denn, geht es zu des Bösen Haus,   3980
        Das Weib hat tausend Schritt voraus.
ANDRE HÄLFTE. Wir nehmen das nicht so genau,
        Mit tausend Schritten macht's die Frau;
        Doch, wie sie auch sich eilen kann,
        Mit einem Sprunge macht's der Mann.   ˋ   3985
STIMME *oben.* Kommt mit, kommt mit, vom Felsensee!
STIMMEN *von unten.* Wir möchten gerne mit in die Höh.
    Wir waschen und blank sind wir ganz und gar;
    Aber auch ewig unfruchtbar.
BEIDE CHÖRE. Es schweigt der Wind, es flieht der Stern,   3990
        Der trübe Mond verbirgt sich gern.
        Im Sausen sprüht das Zauberchor
        Viel tausend Feuerfunken hervor.
STIMME *von unten.* Halte! Halte!
STIMME *von oben.* Wer ruft da aus der Felsenspalte?   3995
STIMME *unten.* Nehmt mich mit! Nehmt mich mit!
    Ich steige schon dreihundert Jahr
    Und kann den Gipfel nicht erreichen.
    Ich wäre gern bei meinesgleichen.
BEIDE CHÖRE. Es trägt der Besen, trägt der Stock,   4000
        Die Gabel trägt, es trägt der Bock;

3972 *geschunden*: (im schnellen Vorbeireiten) die Haut abgeschürft
3975 *Drang*: Gedränge
3976 *Gabel ... Besen*: Auf ihnen reiten die Hexen; vgl. 3835 f.
3977 *Kind ... platzt*: Beim wilden Ritt der bisweilen hochschwangeren Hexen kommt es zu Totgeburten.
3978–85: Die Frauen sind, nach verbreiteter Meinung durch den *Hexenhammer*, ein 1487 erschienenes Buch, das die Grundlage der Hexenverfolgung (letzte Hexenverbrennung im deutschen Sprachgebiet: 1782) bildete, schneller als die Männer auf dem Weg zum Bösen, hier vor allem im sexuellen Sinne gemeint (vgl. 3985).
3990 *Beide Chöre*: Hexen und Hexenmeister, also Frauen und Männer

146

Wer heute sich nicht heben kann,
Ist ewig ein verlorner Mann.

HALBHEXE *unten.* Ich tripple nach, so lange Zeit;
Wie sind die andern schon so weit! 4005
Ich hab zu Hause keine Ruh
Und komme hier doch nicht dazu.

CHOR DER HEXEN. Die Salbe gibt den Hexen Mut,
Ein Lumpen ist zum Segel gut,
Ein gutes Schiff ist jeder Trog; 4010
Der flieget nie, der heut nicht flog.

BEIDE CHÖRE. Und wenn wir um den Gipfel ziehn,
So streichet an dem Boden hin.
Und deckt die Heide weit und breit
Mit eurem Schwarm der Hexenheit. 4015

Sie lassen sich nieder.

MEPHISTOPHELES. Das drängt und stößt, das ruscht und klappert!
Das zischt und quirlt, das zieht und plappert!
Das leuchtet, sprüht und stinkt und brennt!
Ein wahres Hexenelement!
Nur fest an mir! sonst sind wir gleich getrennt. 4020
Wo bist du?

FAUST *in der Ferne.* Hier!

MEPHISTOPHELES.   Was! dort schon hingerissen?
Da werd ich Hausrecht brauchen müssen.
Platz! Junker Voland kommt. Platz! süßer Pöbel, Platz!
Hier, Doktor, fasse mich! und nun, in einem Satz,
Lass uns aus dem Gedräng entweichen; 4025
Es ist zu toll, sogar für meinesgleichen.
Dortneben leuchtet was mit ganz besondrem Schein,

---

vor 4004 *Halbhexe*: die sich nur halb, also noch nicht mit Leib und Seele dem Teufel übergeben hat
4008 *Salbe*: Die Fluggeräte und bestimmte Körperstellen werden mit einer Salbe eingerieben, die narkotisierende Bestandteile insbesondere aus Nachtschattengewächsen enthält. Sie ruft Halluzinationen hervor. Von einem Selbstversuch mit einer nach überlieferten Rezepten hergestellten „Hexensalbe" berichtet der Volkskundler Peuckert (1960): „Wir träumten erst wilde ... Flüge, drauf wüste Feste, welche einem entfesselten Jahrmarkttreiben glichen, und mündeten schließlich in erotische Zügellosigkeit ein." (Schöne 351)
4015 *Hexenheit*: Goethe'sche Neubildung: Gesamtheit der Hexen
4016 *ruscht*: raschelt; lautmalend wie die anderen Verse
4021 *dort ... hingerissen*: offenbar in den *Strudel,* der *nach oben strebt* (4116), wo in *Glut und Wirbelrauch* (4038) der *Böse* thront, die Satansmesse stattfindet, zu der Mephisto Faust aber nicht führen will
4023 *Voland*: einer der vielen Namen des Teufels; mdh. vâlant

Es zieht mich was nach jenen Sträuchen.
Komm, komm! wir schlupfen da hinein.

FAUST. Du Geist des Widerspruchs! Nur zu! du magst mich führen. 4030
Ich denke doch, das war recht klug gemacht:
Zum Brocken wandeln wir in der Walpurgisnacht
Um uns beliebig nun hieselbst zu isolieren.

MEPHISTOPHELES. Da sieh nur, welche bunten Flammen!
Es ist ein muntrer Klub beisammen. 4035
Im Kleinen ist man nicht allein.

FAUST. Doch droben möcht ich lieber sein!
Schon seh ich Glut und Wirbelrauch.
Dort strömt die Menge zu dem Bösen;
Da muss sich manches Rätsel lösen. 4040

MEPHISTOPHELES. Doch manches Rätsel knüpft sich auch.
Lass du die große Welt nur sausen,
Wir wollen hier im Stillen hausen.
Es ist doch lange hergebracht,
Dass in der großen Welt man kleine Welten macht. 4045
Da seh ich junge Hexchen nackt und bloß
Und alte, die sich klug verhüllen.
Seid freundlich, nur um meinetwillen;
Die Müh ist klein, der Spaß ist groß.
Ich höre was von Instrumenten tönen! 4050
Verflucht Geschnarr! Man muss sich dran gewöhnen.
Komm mit! Komm mit! Es kann nicht anders sein,
Ich tret heran und führe dich herein
Und ich verbinde dich aufs Neue.
Was sagst du, Freund? das ist kein kleiner Raum. 4055
Da sieh nur hin! du siehst das Ende kaum.
Ein Hundert Feuer brennen in der Reihe;
Man tanzt, man schwatzt, man kocht, man trinkt, man liebt;
Nun sage mir, wo es was Bessers gibt?

4031–33: ironisch gemeint: Faust merkt sehr wohl, dass Mephisto ihn ablenken, *hieselbst…isolieren* will.

4037–40: Faust strebt zum Brockengipfel, zum Satansdienst, um erkennen zu können, was es mit *dem Bösen* auf sich hat.

4041–59: Mephisto lenkt Faust vom Satanskult, bei dem er sich *selbst vergessen* (4114) könnte, bei dem er als Mann aber auch nur Zuschauer wäre, zu den *jungen Hexchen nackt und bloß*, um ihn (sich) *aufs Neue* zu *verbinde*n wie zuvor durch die „Zuführung" Gretchens (vgl. auch 4071).

4045 *dass … macht*: kleine Gruppen bildet? oder: kleine Welten = Mikrokosmos = Menschen *macht* = zeugt?

FAUST. Willst du dich nun, um uns hier einzuführen,   4060
  Als Zaubrer oder Teufel produzieren?
MEPHISTOPHELES. Zwar bin ich sehr gewohnt inkognito zu gehn,
  Doch lässt am Galatag man seinen Orden sehn.
  Ein Knieband zeichnet mich nicht aus,
  Doch ist der Pferdefuß hier ehrenvoll zu Haus.   4065
  Siehst du die Schnecke da? Sie kommt herangekrochen;
  Mit ihrem tastenden Gesicht
  Hat sie mir schon was abgerochen.
  Wenn ich auch will, verleugn' ich hier mich nicht.
  Komm nur! von Feuer gehen wir zu Feuer,   4070
  Ich bin der Werber und du bist der Freier.
  Zu einigen, die um verglimmende Kohlen sitzen.
  Ihr alten Herrn, was macht ihr hier am Ende?
  Ich lobt euch, wenn ich euch hübsch in der Mitte fände,
  Von Saus umzirkt und Jugendbraus;
  Genug allein ist jeder ja zu Haus.   4075
GENERAL. Wer mag auf Nationen trauen,
  Man habe noch so viel für sie getan;
  Denn bei dem Volk, wie bei den Frauen,
  Steht immerfort die Jugend obenan.
MINISTER. Jetzt ist man von dem Rechten allzu weit,   4080
  Ich lobe mir die guten Alten;
  Denn freilich, da wir alles galten,
  Da war die rechte goldne Zeit.
PARVENU. Wir waren wahrlich auch nicht dumm
  Und taten oft, was wir nicht sollten;   4085
  Doch jetzo kehrt sich alles um und um
  Und eben, da wir's fest erhalten wollten.
AUTOR. Wer mag wohl überhaupt jetzt eine Schrift
  Von mäßig klugem Inhalt lesen!
  Und was das liebe junge Volk betrifft,   4090
  Das ist noch nie so naseweis gewesen.

4063 f. *Orden … Knieband*: Hosenbandorden, höchster engl. Orden
4067 f. *tastenden … abgerochen*: Gesichts- und Geruchsorgane sitzen in den Fühlern, dem Tast-
organ.
4071 *Werber*: so auch bei Gretchen
    Freier: Verführer, Kunde einer Prostituierten
4072 – 91 *alten Herren…*: Zeitsatire auf Vertreter des Ancien régime – *General, Minister, Parvenu (*Emporkömmling*) –*, die ewig Unzufriedenen; dazu auf den *Autor*, also die Verfasser mittel-
mäßiger Bücher

MEPHISTOPHELES, *der auf einmal sehr alt erscheint.*
Zum Jüngsten Tag fühl ich das Volk gereift,
Da ich zum letzten Mal den Hexenberg ersteige,
Und weil mein Fässchen trübe läuft,
So ist die Welt auch auf der Neige.   4095
TRÖDELHEXE. Ihr Herren, geht nicht so vorbei!
Lasst die Gelegenheit nicht fahren!
Aufmerksam blickt nach meinen Waren,
Es steht dahier gar mancherlei.
Und doch ist nichts in meinem Laden,   4100
Dem keiner auf der Erde gleicht,
Das nicht einmal zum tücht'gen Schaden
Der Menschen und der Welt gereicht.
Kein Dolch ist hier, von dem nicht Blut geflossen,
Kein Kelch, aus dem sich nicht, in ganz gesunden Leib,   4105
Verzehrend heißes Gift ergossen,
Kein Schmuck, der nicht ein liebenswürdig Weib
Verführt, kein Schwert, das nicht den Bund gebrochen,
Nicht etwa hinterrücks den Gegenmann durchstochen.
MEPHISTOPHELES. Frau Muhme! Sie versteht mir schlecht die Zeiten.   4110
Getan geschehn! Geschehn getan!
Verleg Sie sich auf Neuigkeiten!
Nur Neuigkeiten ziehn uns an.
FAUST. Dass ich mich nur nicht selbst vergesse!
Heiß ich mir das doch eine Messe!   4115

4092 *Zum jüngsten Tag*: vielleicht Anspielung auf Endzeitberechnungen, die seit Mitte des 18. Jh.s verbreitet und durch die Schreckensherrschaft der Jakobiner in der frz. Revolution belebt wurden (Schöne 353 f.).
4094 f. *Fässchen … Neige*: Als Neige bezeichnet man den *trüben* Bodensatz, der herausläuft, wenn das *Fässchen* zu Ende (im übertragenen Sinne: zur *Neige*) geht.
4096 – 4109 *Kelch, Gift, Schmuck, Schwert*: könnten Faust erinnern an das, was er getan hat. Daher wohl Mephistos beschwichtigendes, von der Erinnerung an Gretchen ablenkendes *Getan geschehn!* (4111).
4110 *Muhme*: Tante, (Seiten-)Verwandte. So nennt Mephisto sonst die Schlange (335, 2049).
4114 – 17: An dieser Stelle eigentlich nicht mehr passende Verse, denn Mephisto hat Faust längst von dem *Strudel... nach oben* (4116) abgelenkt (4041 ff.). *Messe* meint wohl kaum die Jahrmarkts-(= Messe)Krambude der Trödelhexe, scheint vielmehr auf die kultische Satansmesse hinzuweisen, die Goethe geplant hatte, wie im Nachlass erhaltene Paralipomena zeigen, die er dann samt einer *Hochgerichtsszene* (eine Art Schauprozess gegen die „Hexe" Gretchen) aber aus Rücksicht auf das zeitgenössische Publikum wegließ. (Vgl. Schöne 342 ff.; andere Kommentatoren erklären die Auslassung als bewussten Verzicht Goethes aus dramateninternen Gründen, vgl. z. B. Arens 394.)

MEPHISTOPHELES. Der ganze Strudel strebt nach oben;
Du glaubst zu schieben und du wirst geschoben.
FAUST. Wer ist denn das?
MEPHISTOPHELES.   Betrachte sie genau!
Lilith ist das.
FAUST.   Wer?
MEPHISTOPHELES.   Adams erste Frau.
Nimm dich in Acht vor ihren schönen Haaren,   4120
Vor diesem Schmuck, mit dem sie einzig prangt.
Wenn sie damit den jungen Mann erlangt,
So lässt sie ihn so bald nicht wieder fahren.
FAUST. Da sitzen zwei, die Alte mit der Jungen;
Die haben schon was Rechts gesprungen!   4125
MEPHISTOPHELES. Das hat nun heute keine Ruh.
Es geht zum neuen Tanz; nun komm! wir greifen zu.
FAUST *mit der Jungen tanzend.*
Einst hatt ich einen schönen Traum;
Da sah ich einen Apfelbaum,
Zwei schöne Äpfel glänzten dran,   4130
Sie reizten mich, ich stieg hinan.
DIE SCHÖNE. Der Äpfelchen begehrt ihr sehr
Und schon vom Paradiese her.

4119 *Lilith ist das:* hier von Mephisto als *Adams erste Frau* gedeutet; mit sexueller Verführungs-
kraft begabte Buhlteufelin, dargestellt bisweilen von vorn als schönes Weib, von hinten als
schuppichte Schlange
4120 ff. *Nimm dich ... wieder fahren:* Lilith soll, einer talmudisch-rabbinischen Legende zufolge (Schöne 356), die Seelen der von ihr Verführten mit den Haaren gefesselt haben. Des Weiteren saßen viele Teufel in ihrem Haar.
4125 *gesprungen:* getanzt. Herrs Kupferstich zeigt die Menschenschlange in ekstatischer Bewegung (vgl. **Walpurgisnacht**).
4127 *Es geht zum neuen Tanz:* choreographische Entsprechung zur Szene *Garten.* In der struk-
turellen Wiederkehr der Zuordnungen (Faust – Die Schöne, Mephisto – Die Alte) wird die
Margarete-Handlung ins Hexenhaft-Teuflische gespiegelt.
4128 *Einst hatt ich einen schönen Traum:* Fausts Sexualtraum in der Bildlichkeit des *Hohelieds.*
Der Traum aber wird hier, indem er erzählt wird, szenische Realität.
4132 *Der Äpfelchen begehrt ihr sehr:* Verbindung von *Hohelied*-Bildlichkeit mit Paradies-Sze-
nerie, insofern Faust durch die Äpfelchen (Brüste) der Schönen verführt wird wie einstmals
Adam.

151

Von Freuden fühl ich mich bewegt,
Dass auch mein Garten solche trägt.   4135

MEPHISTOPHELES *mit der Alten.*

Einst hatt ich einen wüsten Traum;
Da sah ich einen gespaltnen Baum,
Der hatt ein [ungeheures Loch];
So [groß] es war, gefiel mir's doch.

DIE ALTE. Ich biete meinen besten Gruß   4140
Dem Ritter mit dem Pferdefuß!
Halt Er einen [rechten Pfropf] bereit,
Wenn Er [das große Loch] nicht scheut.

PROKTOPHANTASMIST. Verfluchtes Volk! was untersteht ihr euch?
Hat man euch lange nicht bewiesen: 4145
Ein Geist steht nie auf ordentlichen Füßen?
Nun tanzt ihr gar, uns andern Menschen gleich!

DIE SCHÖNE *tanzend.* Was will denn der auf unserm Ball?

FAUST *tanzend.* Ei! der ist eben überall.
Was andre tanzen, muss er schätzen.   4150
Kann er nicht jeden Schritt beschwätzen,
So ist der Schritt so gut als nicht geschehn.
Am meisten ärgert ihn, sobald wir vorwärtsgehn.
Wenn ihr euch so im Kreise drehen wolltet,
Wie er's in seiner alten Mühle tut,   4155
Das hieß' er allenfalls noch gut;
Besonders wenn ihr ihn darum begrüßen solltet.

PROKTOPHANTASMIST. Ihr seid noch immer da! nein, das ist unerhört.
Verschwindet doch! Wir haben ja aufgeklärt!
Das Teufelspack, es fragt nach keiner Regel.   4160

4136 ff.: Die Lyrik von Fausts Bildlichkeit wird von Mephisto in prosaischer Drastik parodiert. Zum Text vgl. Anm. zu 1821.

4144 *Proktophantasmist:* polemisch-satirisch auf Friedrich Nicolai zielende Wortbildung G.s: „Arsch-Hirngespinstler" (Schöne 358); Nicolai litt krankheitshalber an Visionen, die er doch zugleich aufklärerisch nicht wahrhaben wollte.

4150 *schätzen:* abschätzig betrachten

4153 *vorwärtsgehn:* vorankommen, auch in übertragener Bedeutung

4157 *darum begrüßen:* darum ersuchen

4158 ff.: Die Langeweile seiner Rede wird in ihrer Sprachgestalt offenbart: Reimstruktur!

Wir sind so klug und dennoch spukt's in Tegel.
Wie lange hab ich nicht am Wahn hinausgekehrt
Und nie wird's rein; das ist doch unerhört!
DIE SCHÖNE. So hört doch auf uns hier zu ennuyieren!
PROKTOPHANTASMIST. Ich sag's euch Geistern ins Gesicht, 4165
Den Geistesdespotismus leid ich nicht;
Mein Geist kann ihn nicht exerzieren.
Es wird fortgetanzt.
Heut, seh ich, will mir nichts gelingen;
Doch eine Reise nehm ich immer mit
Und hoffe noch, vor meinem letzten Schritt 4170
Die Teufel und die Dichter zu bezwingen.
MEPHISTOPHELES. Er wird sich gleich in eine Pfütze setzen,
Das ist die Art, wie er sich soulagiert,
Und wenn Blutegel sich an seinem Steiß ergetzen,
Ist er von Geistern und von Geist kuriert. 4175
Zu Faust, der aus dem Tanz getreten ist.
Was lässest du das schöne Mädchen fahren,
Das dir zum Tanz so lieblich sang?
FAUST. Ach! mitten im Gesange sprang
Ein rotes Mäuschen ihr aus dem Munde.
MEPHISTOPHELES. Das ist was Rechts! das nimmt man nicht genau; 4180
Genug, die Maus war doch nicht grau.
Wer fragt darnach in einer Schäferstunde?
FAUST. Dann sah ich –
MEPHISTOPHELES.   Was?
FAUST.   Mephisto, siehst du dort
Ein blasses, schönes Kind allein und ferne stehen?

4161 *dennoch spukt's in Tegel:* Anspielung auf einen wirklichen Vorgang, anlässlich dessen Nicolai einen vorgetäuschten Spuk ernsthaft kommentiert hatte.
4164 *ennuyieren:* in Neudeutsch *nerven*
4166 f. *Den Geistesdespotismus … exerzieren:* Die Überlegenheit des Geistes/der Geister mag ich nicht, da ich ihn/sie nicht zu beherrschen vermag.
4173 *soulagiert:* Linderung verschafft
4174 *Und wenn … ergetzen:* Nicolai hatte mit Blutegeln am After eine hämorrhoidale Erkrankung zu heilen versucht.
4179 *Ein rotes Mäuschen:* Nach Schöne (359) signalisiert der Vorgang, dass die geschlechtliche Macht der Hexe über Faust mit dem visionären Auftritt Margaretes (4183 ff.) erlischt.
4184 *Ein blasses, schönes Kind:* Margaretes Erscheinung, gefesselt (*mit geschlossnen Füßen,* 4186), wird von Mephisto (4190) als *Zauberbild,* als *Idol* gedeutet. Es handelt sich um ein inneres Bild Fausts, eine Imagination, die für ihn dennoch Wirklichkeit besitzt. Die Frage, ob das Bild von Mephisto ebenfalls wahrgenommen wird, wie Schöne meint (360), oder ob er sich nur verbal auf das von Faust beschriebene Bild einlässt, dürfte angesichts der Unergründlichkeit der Teufelsfigur nicht zu beantworten sein.

Sie schiebt sich langsam nur vom Ort, 4185
Sie scheint mit geschlossnen Füßen zu gehen.
Ich muss bekennen, dass mir deucht,
Dass sie dem guten Gretchen gleicht.
MEPHISTOPHELES. Lass das nur stehn! dabei wird's niemand wohl.
Es ist ein Zauberbild, ist leblos, ein Idol. 4190
Ihm zu begegnen ist nicht gut:
Vom starren Blick erstarrt des Menschen Blut
Und er wird fast in Stein verkehrt;
Von der Meduse hast du ja gehört.
FAUST. Fürwahr, es sind die Augen einer Toten, 4195
Die eine liebende Hand nicht schloss.
Das ist die Brust, die Gretchen mir geboten,
Das ist der süße Leib, den ich genoss.
MEPHISTOPHELES. Das ist die Zauberei, du leicht verführter Tor!
Denn jedem kommt sie wie sein Liebchen vor. 4200
FAUST. Welch eine Wonne! welch ein Leiden!
Ich kann von diesem Blick nicht scheiden.
Wie sonderbar muss diesen schönen Hals
Ein einzig rotes Schnürchen schmücken,
Nicht breiter als ein Messerrücken! 4205
MEPHISTOPHELES. Ganz recht! ich seh es ebenfalls.
Sie kann das Haupt auch unterm Arme tragen;
Denn Perseus hat's ihr abgeschlagen. –
Nur immer diese Lust zum Wahn!
Komm doch das Hügelchen heran, 4210
Hier ist's so lustig wie im Prater,
Und hat man mir's nicht angetan,
So seh ich wahrlich ein Theater.
Was gibt's denn da?
SERVIBILIS.   Gleich fängt man wieder an.
Ein neues Stück, das letzte Stück von sieben; 4215
So viel zu geben ist allhier der Brauch.

4192 *Vom starren Blick ... Blut*: Mephisto sucht Faust von der Einbildung abzubringen, indem
er sie ihm als *Meduse* (4194) vorstellt – ein Schreckbild der griechischen Mythologie –, deren
Blick den Menschen versteinern ließ.
4203 f. *Wie sonderbar ... schmücken*: Faust sieht Margarete bereits als Enthauptete, ohne es doch
zu verstehen: Vorausdeutung, die ihn von den *abgeschmackten Zerstreuungen* (S. 161, 1 f.) der
Walpurgisnacht wegzieht.
4211 *Prater*: Wiener Vergnügungspark
4212 *angetan*: hier *vorgespiegelt*
4214 *Servibilis*: Dienstfertiger
4215 *das letzte Stück von sieben*: als Satyrspiel letzter Teil der griech. Theaterrepräsentation

Ein Dilettant hat es geschrieben
Und Dilettanten spielen's auch.
Verzeiht, ihr Herrn, wenn ich verschwinde;
Mich dilettiert's, den Vorhang aufzuziehn. 4220
MEPHISTOPHELES. Wenn ich euch auf dem Blocksberg finde,
Das find ich gut; denn da gehört ihr hin.

WALPURGISNACHTSTRAUM oder
OBERONS UND TITANIAS GOLDNE HOCHZEIT

Intermezzo.
THEATERMEISTER. Heute ruhen wir einmal,
        Miedings wackre Söhne.
        Alter Berg und feuchtes Tal, 4225
        Das ist die ganze Szene!
HEROLD.   Dass die Hochzeit golden sei,
        Solln funfzig Jahr sein vorüber;
        Aber ist der Streit vorbei,
        D a s Golden ist mir lieber. 4230
OBERON.   Seid ihr Geister, wo ich bin,
        So zeigt's in diesen Stunden;
        König und die Königin,
        Sie sind aufs Neu verbunden.
PUCK.   Kommt der Puck und dreht sich quer 4235
        Und schleift den Fuß im Reihen;
        Hundert kommen hinterher
        Sich auch mit ihm zu freuen.

4220 *Mich dilettiert's:* Wortspiel mit *Dilettant* (4217): Ich schaffe mir Vergnügen.
Walpurgisnachtstraum oder Oberons und Titanias goldne Hochzeit: Spiel im Spiel, angeregt wohl durch die romantische Komödie, die zugleich persifliert wird. Goethe greift hier auf sein Arsenal zeitsatirischer Texte aus dem Xenien-Zusammenhang (↑ *Biografie* und Anmerkung 4303) zurück. *Oberon* und *Titania* sind ein Elfenkönigspaar, dessen Streit und Versöhnung in Shakespeares *Sommernachtstraum* vorgestellt werden, von Chr. Martin Wieland in seinem Epos *Oberon* wieder aufgegriffen.
4224 *Miedings wackre Söhne:* Joh. Martin Mieding, Weimarer Hoftischlermeister, zuständig für das Bühnenbild des Liebhabertheaters. Wenn ohne Kulissen gespielt wird, können die Bühnenarbeiter *ruhen* (4223).
4227 *Herold:* Ansager, wie in der *Mummenschanz*-Szene im 1. Akt von *Faust II*
4230 *D a s Golden ist mir lieber:* Die Versöhnung nach dem Streit ist dem Herold *lieber* als das Gold der goldnen Hochzeit.
4235 *Puck:* Kobold aus *Sommernachtstraum*

ARIEL.	Ariel bewegt den Sang	
	In himmlisch reinen Tönen;	4240
	Viele Fratzen lockt sein Klang,	
	Doch lockt er auch die Schönen.	
OBERON.	Gatten, die sich vertragen wollen,	
	Lernen's von uns beiden!	
	Wenn sich zweie lieben sollen,	4245
	Braucht man sie nur zu scheiden.	
TITANIA.	Schmollt der Mann und grillt die Frau,	
	So fasst sie nur behende,	
	Führt mir nach dem Mittag Sie	
	Und Ihn an Nordens Ende.	4250

ORCHESTER TUTTI *Fortissimo*. Fliegenschnauz und Mückennas
 Mit ihren Anverwandten,
 Frosch im Laub und Grill im Gras,
 Das sind die Musikanten!

SOLO. Seht, da kommt der Dudelsack! 4255
 Es ist die Seifenblase.
 Hört den Schneckeschnickeschnack
 Durch seine stumpfe Nase.

GEIST, DER SICH ERST BILDET. Spinnenfuß und Krötenbauch
 Und Flügelchen dem Wichtchen! 4260
 Zwar ein Tierchen gibt es nicht,
 Doch gibt es ein Gedichtchen.

EIN PÄRCHEN. Kleiner Schritt und hoher Sprung
 Durch Honigtau und Düfte;
 Zwar du trippelst mir genung, 4265
 Doch geht's nicht in die Lüfte.

NEUGIERIGER REISENDER. Ist das nicht Maskeraden-Spott?
 Soll ich den Augen trauen,
 Oberon, den schönen Gott,
 Auch heute hier zu schauen? 4270

ORTHODOX. Keine Klauen, keinen Schwanz!
 Doch bleibt es außer Zweifel:
 So wie die Götter Griechenlands,
 So ist auch er ein Teufel.

NORDISCHER KÜNSTLER. Was ich ergreife, das ist heut 4275
 Fürwahr nur skizzenweise;

4239 *Ariel*: Luftgeist aus Shakespeares *Sturm*
4271 *Orthodox*: christlich-orthodoxer Kritiker
4275 *Nordischer Künstler*: Künstler, den die südliche (ital.) Natur noch nicht ergriffen hat.

	Doch ich bereite mich beizeit	
	Zur italien'schen Reise.	
PURIST.	Ach! mein Unglück führt mich her:	
	Wie wird nicht hier geludert!	4280
	Und von dem ganzen Hexenheer	
	Sind zweie nur gepudert.	
JUNGE HEXE.	Der Puder ist so wie der Rock	
	Für alt' und graue Weibchen;	
	Drum sitz ich nackt auf meinem Bock	4285
	Und zeig ein derbes Leibchen.	
MATRONE.	Wir haben zu viel Lebensart,	
	Um hier mit euch zu maulen;	
	Doch hoff ich, sollt ihr jung und zart,	
	So wie ihr seid, verfaulen.	4290
KAPELLMEISTER.	Fliegenschnauz und Mückennas,	
	Umschwärmt mir nicht die Nackte!	
	Frosch im Laub und Grill im Gras,	
	So bleibt doch auch im Takte!	

WINDFAHNE *nach der einen Seite.*

	Gesellschaft, wie man wünschen kann.	4295
	Wahrhaftig lauter Bräute!	
	Und Junggesellen, Mann für Mann,	
	Die hoffnungsvollsten Leute.	

WINDFAHNE *nach der andern Seite.*

	Und tut sich nicht der Boden auf	
	Sie alle zu verschlingen,	4300
	So will ich mit behendem Lauf	
	Gleich in die Hölle springen.	

XENIEN.	Als Insekten sind wir da,	
	Mit kleinen scharfen Scheren	
	Satan, unsern Herrn Papa,	4305
	Nach Würden zu verehren.	
HENNINGS.	Seht, wie sie in gedrängter Schar	
	Naiv zusammen scherzen!	
	Am Ende sagen sie noch gar,	
	Sie hätten gute Herzen.	4310

4279 *Purist:* prüder Kritiker, der die Natur nicht nackt, sondern *gepudert* sehen will
vor 4294 *Windfahne:* „Wendehals-Allegorie" (Schöne 365)
4303 *Xenien:* stechende Satiren in Distichen, die Goethe und Schiller 1797 im *Musenalmanach* gegen ihre Gegner versammelt hatten
4305 *unsern Herrn Papa:* Mephisto, doch mittelbar auch Goethe selbst als ihren Autor
4307 *Hennings:* vgl. Anm. zu 4311

MUSAGET. Ich mag in diesem Hexenheer
Mich gar zu gern verlieren;
Denn freilich diese wüsst ich eh'r
Als Musen anzuführen.
CI-DEVANT GENIUS DER ZEIT. Mit rechten Leuten wird man was. 4315
Komm, fasse meinen Zipfel!
Der Blocksberg, wie der deutsche Parnass,
Hat gar einen breiten Gipfel.
NEUGIERIGER REISENDER. Sagt, wie heißt der steife Mann?
Er geht mit stolzen Schritten. 4320
Er schnopert, was er schnopern kann.
„Er spürt nach Jesuiten."
KRANICH. In dem Klaren mag ich gern
Und auch im Trüben fischen;
Darum seht ihr den frommen Herrn 4325
Sich auch mit Teufeln mischen.
WELTKIND. Ja, für die Frommen, glaubet mir,
Ist alles ein Vehikel;
Sie bilden auf dem Blocksberg hier
Gar manches Konventikel. 4330
TÄNZER. Da kommt ja wohl ein neues Chor?
Ich höre ferne Trommeln.
Nur ungestört! es sind im Rohr
Die unisonen Dommeln.
TANZMEISTER. Wie jeder doch die Beine lupft! 4335
Sich, wie er kann, herauszieht!
Der Krumme springt, der Plumpe hupft
Und fragt nicht, wie es aussieht.
FIDELER. Das hasst sich schwer, das Lumpenpack,
Und gäb sich gern das Restchen; 4340
Es eint sie hier der Dudelsack,
Wie Orpheus' Leier die Bestjen.

4311 *Musaget:* Musen-Anführer (Apoll), Titel der Beihefte der Zeitschrift *Der Genius der Zeit*
von Hennings
4315 *Ci-Devant....:* vormals, weil 1801 umbenannt in *Der Genius des neunzehnten Jahrhunderts*
4317 *Parnass:* griechischer Musenberg
4319 *der steife Mann:* wieder Fr. Nicolai (wie 4144 ff.)
4323 *Kranich:* Joh. Kaspar Lavater, dessen Gang Goethe zufolge wie der eines Kranichs war
4327 *Weltkind:* Goethe selbst
4330 *Konventikel:* religiöse Versammlung
4334 *Die unisonen Dommeln:* eintönig schreiende Sumpfvögel
4335–42: einzige Textergänzung nach 1808, 1828/29 in der *Ausgabe letzter Hand*
4342 *Wie Orpheus' Leier die Bestjen:* wie der mythische Sänger Orpheus mit seinem Saitenspiel
die wilden Tiere besänftigte; *Bestjen:* parodistische Schreibweise, gesprochen als „ch"

DOGMATIKER. Ich lasse mich nicht irre schrein,
          Nicht durch Kritik noch Zweifel.
          Der Teufel muss doch etwas sein;   4345
          Wie gäb's denn sonst auch Teufel?
IDEALIST.   Die Phantasie in meinem Sinn
          Ist diesmal gar zu herrisch.
          Fürwahr, wenn ich das alles bin,
          So bin ich heute närrisch.   4350
REALIST.   Das Wesen ist mir recht zur Qual
          Und muss mich bass verdrießen;
          Ich stehe hier zum ersten Mal
          Nicht fest auf meinen Füßen.
SUPERNATURALIST. Mit viel Vergnügen bin ich da   4355
          Und freue mich mit diesen;
          Denn von den Teufeln kann ich ja
          Auf gute Geister schließen.
SKEPTIKER.   Sie gehn den Flämmchen auf der Spur
          Und glaubn sich nah dem Schatze.   4360
          Auf Teufel reimt der Zweifel nur;
          Da bin ich recht am Platze.
KAPELLMEISTER. Frosch im Laub und Grill im Gras,
          Verfluchte Dilettanten!
          Fliegenschnauz und Mückennas,   4365
          Ihr seid doch Musikanten!
DIE GEWANDTEN. Sanssouci, so heißt das Heer
          Von lustigen Geschöpfen;
          Auf den Füßen geht's nicht mehr,
          Drum gehn wir auf den Köpfen.   4370
DIE UNBEHÜLFLICHEN. Sonst haben wir manchen Bissen erschranzt,
          Nun aber Gott befohlen!
          Unsere Schuhe sind durchgetanzt,
          Wir laufen auf nackten Sohlen.
IRRLICHTER.   Von dem Sumpfe kommen wir,   4375
          Woraus wir erst entstanden;
          Doch sind wir gleich im Reihen hier
          Die glänzenden Galanten.

4343 ff. *Dogmatiker, Idealist, Realist, Supernaturalist, Skeptiker*: Satiren auf die diversen Typen von Philosophen in ihrer jeweiligen Stellung zur Existenz des Teufels
4367 *Sanssouci*: die Sorglosen; hier wie im Folgenden Typen der nachrevolutionären Gesellschaft
4371 *Die Unbehülflichen*: ehemalige Hofschranzen
4375 *Irrlichter*: Emporkömmlinge

STERNSCHNUPPE. Aus der Höhe schoss ich her
　　　Im Stern- und Feuerscheine, 4380
　　　Liege nun im Grase quer –
　　　Wer hilft mir auf die Beine?
DIE MASSIVEN. Platz und Platz! und ringsherum!
　　　So gehn die Gräschen nieder,
　　　Geister kommen, Geister auch, 4385
　　　Sie haben plumpe Glieder.
PUCK. 　　Tretet nicht so mastig auf
　　　Wie Elefantenkälber,
　　　Und der Plumpst' an diesem Tag
　　　Sei Puck, der Derbe, selber. 4390
ARIEL. 　Gab die liebende Natur,
　　　Gab der Geist euch Flügel,
　　　Folget meiner leichten Spur,
　　　Auf zum Rosenhügel!
ORCHESTER *Pianissimo*. Wolkenzug und Nebelflor 4395
　　　Erhellen sich von oben.
　　　Luft im Laub und Wind im Rohr
　　　Und alles ist zerstoben.

TRÜBER TAG · FELD

FAUST. MEPHISTOPHELES.

FAUST. Im Elend! Verzweifelnd! Erbärmlich auf der Erde lange verirrt
und nun gefangen! Als Missetäterin im Kerker zu entsetzlichen Qualen
eingesperrt das holde unselige Geschöpf! Bis dahin! dahin! – Verräteri- 5
scher, nichtswürdiger Geist, und das hast du mir verheimlicht! – Steh
nur, steh! Wälze die teuflischen Augen ingrimmend im Kopf herum!
Steh und trutze mir durch deine unerträgliche Gegenwart! Gefangen!
Im unwiederbringlichen Elend! Bösen Geistern übergeben und der

4379 *Sternschnuppe*: verglühte ehemalige Berühmtheit
4383 *Die Massiven*: der plumpe Mob
4394 *zum Rosenhügel*: Anspielung auf das Ende von Wielands *Oberon*
Trüber Tag · Feld: Die Szene gehört zum frühesten Textbestand und Goethe führte die 1798
Schiller gegenüber geäußerte Absicht nicht aus, die Prosa in Verse umzuarbeiten. Insofern ragen
in diese Szene noch zeitgeschichtliche Elemente wie der Prozess gegen die Kindsmörderin
Susanna Margaretha Brandt relativ ungefiltert hinein. Fausts Sprache ist die ungebändigte, un-
sublimierte der Sturm-und-Drang-Phase der frühen 70er Jahre.
3 f. *auf der Erde lange verirrt*: Eine Flucht Margaretes (Schöne 370) lässt sich daraus kaum her-
leiten.

richtenden gefühllosen Menschheit! Und mich wiegst du indes in abgeschmackten Zerstreuungen, verbirgst mir ihren wachsenden Jammer und lässest sie hülflos verderben!

MEPHISTOPHELES. Sie ist die Erste nicht.

FAUST. Hund! abscheuliches Untier! – Wandle ihn, du unendlicher Geist! 5
wandle den Wurm wieder in seine Hundsgestalt, wie er sich oft nächtlicherweise gefiel vor mir herzutrotten, dem harmlosen Wandrer vor die Füße zu kollern und sich dem niederstürzenden auf die Schultern zu hängen. Wandl' ihn wieder in seine Lieblingsbildung, dass er vor mir im Sand auf dem Bauch krieche, ich ihn mit Füßen trete, den 10
Verworfnen! – Die Erste nicht! – Jammer! Jammer! von keiner Menschenseele zu fassen, dass mehr als ein Geschöpf in die Tiefe dieses Elendes versank, dass nicht das Erste genug tat für die Schuld aller Übrigen in seiner windenden Todesnot vor den Augen des ewig Verzeihenden! Mir wühlt es Mark und Leben durch, das Elend dieser 15
Einzigen; du grinsest gelassen über das Schicksal von Tausenden hin!

MEPHISTOPHELES. Nun sind wir schon wieder an der Grenze unsres Witzes, da, wo euch Menschen der Sinn überschnappt. Warum machst du Gemeinschaft mit uns, wenn du sie nicht durchführen kannst? Willst fliegen und bist vorm Schwindel nicht sicher? Drangen wir uns dir auf 20
oder du dich uns?

FAUST. Fletsche deine gefräßigen Zähne mir nicht so entgegen! Mir ekelt's! – Großer herrlicher Geist, der du mir zu erscheinen würdigtest, der du mein Herz kennest und meine Seele, warum an den Schandgesellen mich schmieden, der sich am Schaden weidet und am Verder- 25
ben sich letzt?

MEPHISTOPHELES. Endigst du?

FAUST. Rette sie! oder weh dir! Den grässlichsten Fluch über dich auf Jahrtausende!

MEPHISTOPHELES. Ich kann die Bande des Rächers nicht lösen, seine Rie- 30
gel nicht öffnen. – Rette sie! – Wer war's, der sie ins Verderben stürzte? Ich oder du?

---

1 f. *in abgeschmackten Zerstreuungen*: wenn auch nicht genetisch, so doch funktional auf die **Walpurgisnacht** zu beziehen
4 *Sie ist die Erste nicht*: ähnlich im Verhörprotokoll der Frankfurter Kindsmörderin vom 8. 10. 1771
5 *unendlicher Geist*: vgl. **Wald und Höhle** 3217 *Erhabner Geist*: gemeint ist der Erdgeist
9 *Lieblingsbildung*: die Schlange des Paradieses
17 f. *unseres Witzes*: unserer Verstandeskraft; *wir* und *unser*: herablassende Ironie
26 *letzt*: vergnügt

FAUST *blickt wild umher.*
MEPHISTOPHELES. Greifst du nach dem Donner? Wohl, dass er euch elenden Sterblichen nicht gegeben ward! Den unschuldig Entgegnenden zu zerschmettern, das ist so Tyrannenart, sich in Verlegenheiten Luft zu machen.   5
FAUST. Bringe mich hin! Sie soll frei sein!
MEPHISTOPHELES. Und die Gefahr, der du dich aussetzest? Wisse, noch liegt auf der Stadt Blutschuld von deiner Hand. Über des Erschlagenen Stätte schweben rächende Geister und lauern auf den wiederkehrenden Mörder.   10
FAUST. Noch das von dir? Mord und Tod einer Welt über dich Ungeheuer! Führe mich hin, sag ich, und befrei sie!
MEPHISTOPHELES. Ich führe dich und was ich tun kann, höre! Habe ich alle Macht im Himmel und auf Erden? Des Türners Sinne will ich umnebeln, bemächtige dich der Schlüssel und führe sie heraus mit Menschenhand! Ich wache! die Zauberpferde sind bereit, ich entführe euch.   15
Das vermag ich.
FAUST. Auf und davon!

NACHT · OFFEN FELD

FAUST, MEPHISTOPHELES, auf schwarzen Pferden daherbrausend.
FAUST. Was weben die dort um den Rabenstein?
MEPHISTOPHELES. Weiß nicht, was sie kochen und schaffen.   4400
FAUST. Schweben auf, schweben ab, neigen sich, beugen sich.
MEPHISTOPHELES. Eine Hexenzunft.
FAUST. Sie streuen und weihen.
MEPHISTOPHELES. Vorbei! Vorbei!

2 *Greifst du nach dem Donner?*: Empörst du dich prometheisch gegen die göttliche Herrschaft (des Donnerers = Zeus)?
8 *Blutschuld*: am Tode Valentins, des Bruders Margaretes
13 f. *Habe ich ... auf Erden*: Matth. 28, 18: Allmacht Christi
14 *Türners*: Gefängniswärter
Nacht · Offen Feld: Kurzszene, die in grandioser Zweideutigkeit auf das noch unentschiedene Schicksal Margaretes verweist. Ist sie *gerichtet, gerettet* (4611) oder gerettet, weil gerichtet? Handelt es sich hier also um gute Geister (*schweben, neigen sich, beugen sich* (4401)) oder die *Hexenzunft* (4402)? Der Betrachter/Leser soll offenbar ebenso im Ungewissen bleiben wie die Figuren. Der *Rabenstein* (4399) gilt als Richtstätte, aber muss es sich faktisch um die Margaretes handeln und kann man andererseits ihre Vision (4587 ff.) als Argument gebrauchen (Schöne 373), dass sie doch auf dem Marktplatz hingerichtet werde, nicht auf dem Rabenstein? Fragen, auf die der Text absichtsvoll die Antworten verweigert, indem er sich gegen den Pragmatismus eines So-oder-So sperrt.

KERKER

FAUST *mit einem Bund Schlüssel und einer Lampe, vor einem eisernen Türchen.*
Mich fasst ein längst entwohnter Schauer,   4405
Der Menschheit ganzer Jammer fasst mich an.
Hier wohnt sie hinter dieser feuchten Mauer
Und ihr Verbrechen war ein guter Wahn!
Du zauderst zu ihr zu gehen!
Du fürchtest sie wiederzusehen!   4410
Fort! dein Zagen zögert den Tod heran.
Er ergreift das Schloss. Es singt inwendig:
    Meine Mutter, die Hur',
    Die mich umgebracht hat!
    Mein Vater, der Schelm,
    Der mich gessen hat!   4415
    Mein Schwesterlein klein
    Hub auf die Bein,
    An einem kühlen Ort;
    Da ward ich ein schönes Waldvögelein;
    Fliege fort, fliege fort!   4420
FAUST *aufschließend.* Sie ahnet nicht, dass der Geliebte lauscht,
Die Ketten klirren hört, das Stroh, das rauscht.
Er tritt ein.
MARGARETE *sich auf dem Lager verbergend.*
Weh! Weh! Sie kommen. Bittrer Tod!
FAUST *leise.* Still! Still! ich komme dich zu befreien.

Kerker: Die Szene reicht zurück in die frühesten Phasen der Faust-Dichtung, möglicherweise
bis 1772. Damals in Prosa entworfen, hat Goethe die Szene in der Wiederaufnahme um 1800 in
Verse umgedichtet, um die stoffliche Unmittelbarkeit der Prosa-Wirkung zu dämpfen.
4405 Schauer: vgl. Margaretes *Mir läuft ein Schauer übern ganzen Leib* (2757) oder *Mich über-
läufts!* (3187). Fausts Empfindung ist hier ähnlich elementar.
4408 guter Wahn: gutes, aber irriges Meinen; Arens (452) führt diese Einschätzung des Kindes-
mordes auf die Haltung der Stürmer und Dränger zurück, die nur den männlichen Verführer,
nicht aber die Mutter für den Kindesmord verantwortlich sehen wollten.
4411 Dein Zagen zögert ... heran: Deine Ängstlichkeit und das durch sie begründete Zögern
zieht den Tod heran.
vor *4412 Es singt inwendig:* doppeldeutig: Es singt im Inneren des Kerkers (Margarete) und es
singt das tote Kind in der Mutter, die ihm die Stimme leiht.
4412 – 20: Goethe greift Verse aus dem Märchen vom Machandelbaum (Wacholder) auf, das Ph.
O. Runge 1806 verschriftlichte und das von den Brüdern Grimm in ihre Sammlung der *Kinder-
und Hausmärchen* (1812/15) aufgenommen wurde. Auf welche Überlieferung sich G. bezog, ist
unbekannt. Das Märchen erzählt von der Tötung eines Knaben durch seine Stiefmutter, die ihn
dem Vater zu essen gibt. Die Seele des Kindes verwandelt sich in einen Vogel, dessen Lied die
Bluttat offenbart, der nach dem Tod der Stiefmutter jedoch seine menschliche Gestalt zurück-
gewinnt.

MARGARETE *sich vor ihn hinwälzend.*
Bist du ein Mensch, so fühle meine Not.   4425
FAUST. Du wirst die Wächter aus dem Schlafe schreien!
Er fasst die Ketten, sie aufzuschließen.
MARGARETE *auf den Knieen.* Wer hat dir, Henker, diese Macht
Über mich gegeben!
Du holst mich schon um Mitternacht.
Erbarme dich und lass mich leben!   4430
Ist's morgen früh nicht zeitig genung?
Sie steht auf.
Bin ich doch noch so jung, so jung!
Und soll schon sterben!
Schön war ich auch und das war mein Verderben.
Nah war der Freund, nun ist er weit;   4435
Zerrissen liegt der Kranz, die Blumen zerstreut.
Fasse mich nicht so gewaltsam an!
Schone mich! Was hab ich dir getan?
Lass mich nicht vergebens flehen,
Hab ich dich doch mein Tage nicht gesehen!   4440
FAUST. Werd ich den Jammer überstehen!
MARGARETE. Ich bin nun ganz in deiner Macht.
Lass mich nur erst das Kind noch tränken.
Ich herzt es diese ganze Nacht;
Sie nahmen mir's, um mich zu kränken,   4445
Und sagen nun, ich hätt es umgebracht.
Und niemals werd ich wieder froh.
Sie singen Lieder auf mich! Es ist bös von den Leuten!
Ein altes Märchen endigt so,
Wer heißt sie's deuten?   4450
FAUST *wirft sich nieder.* Ein Liebender liegt dir zu Füßen
Die Jammerknechtschaft aufzuschließen.
MARGARETE *wirft sich zu ihm.*
O lass uns knien die Heil'gen anzurufen!

4435 *Freund*: Wie bereits in der Szene **Garten** (vgl. Anm. zu 3188) Bezug zum biblischen *Hohe-lied*, durch den Faust als „Freund" deklariert wird, während Margarete in die Rolle der Himmelsbraut übergeht.
4436 *Zerrissen ... zerstreut*: das Unschuldssymbol des Hochzeitskranzes
4443 *das Kind noch tränken*: In Margaretes Imaginationen gehen das nährende Tränken und das tötende Ertränken ineinander über.
4448 *Lieder*: Spottlieder
4449 *Ein altes Märchen*: Es liegt eher fern, hier an eine Erinnerung an das Machandelbaum-Mär-chen zu denken, da Margarete dort (4412–20) sich unbewusst, das Märchen lediglich assoziie-rend, mit ihrem von ihr getöteten Kind identifizierte.

Sieh! unter diesen Stufen,
Unter der Schwelle   4455
Siedet die Hölle!
Der Böse,
Mit furchtbarem Grimme,
Macht ein Getöse!
FAUST *laut*. Gretchen! Gretchen!   4460
MARGARETE *aufmerksam*. Das war des Freundes Stimme!
Sie springt auf. Die Ketten fallen ab.
Wo ist er? Ich hab ihn rufen hören.
Ich bin frei! mir soll niemand wehren.
An seinen Hals will ich fliegen,
An seinem Busen liegen!   4465
Er rief: Gretchen! Er stand auf der Schwelle.
Mitten durchs Heulen und Klappen der Hölle,
Durch den grimmigen, teuflischen Hohn
Erkannt ich den süßen, den liebenden Ton.
FAUST. Ich bin's!
MARGARETE.   Du bist's! O sag es noch einmal!   4470
Ihn fassend.
Er ist's! Er ist's! Wohin ist alle Qual?
Wohin die Angst des Kerkers? der Ketten?
Du bist's! Kommst mich zu retten!
Ich bin gerettet! –
Schon ist die Straße wieder da,   4475
Auf der ich dich zum ersten Male sah.
Und der heitere Garten,
Wo ich und Marthe deiner warten.
FAUST *fortstrebend*. Komm mit! Komm mit!
MARGARETE.   O weile!
Weil' ich doch so gern, wo du weilest.   4480
Liebkosend.
FAUST. Eile!
Wenn du nicht eilest,
Werden wir's teuer büßen müssen.

4460 *Gretchen! Gretchen!*: Schöne (380) spricht hier von einem sprachmagischen Akt der Anru-
fung, des Beim-Namen-Nennens. Aber Margarete erkennt nicht sich an ihrem Namen, sondern
ihn, Faust, an seiner Stimme.
4461 *des Freundes Stimme*: wie 4435 Hohelied-Bezug
4467 *Heulen und Klappen der Hölle*: im *Urfaust*: Heulen und Zähneklappen (Matth. 8, 12); hier
bewusstes Abweichen von der früheren Bibel-Anspielung

MARGARETE. Wie? du kannst nicht mehr küssen?
Mein Freund, so kurz von mir entfernt, 4485
Und hast's Küssen verlernt?
Warum wird mir an deinem Halse so bang?
Wenn sonst von deinen Worten, deinen Blicken
Ein ganzer Himmel mich überdrang
Und du mich küsstest, als wolltest du mich ersticken. 4490
Küsse mich!
Sonst küss ich dich!
Sie umfasst ihn.
O weh! deine Lippen sind kalt,
Sind stumm.
Wo ist dein Lieben 4495
Geblieben?
Wer brachte mich drum?
Sie wendet sich von ihm.
FAUST. Komm! Folge mir! Liebchen, fasse Mut!
Ich herze dich mit tausendfacher Glut,
Nur folge mir! Ich bitte dich nur dies! 4500
MARGARETE *zu ihm gewendet.*
Und bist du's denn? Und bist du's auch gewiss?
FAUST. Ich bin's! Komm mit!
MARGARETE.   Du machst die Fesseln los,
Nimmst wieder mich in deinen Schoß.
Wie kommt es, dass du dich vor mir nicht scheust? –
Und weißt du denn, mein Freund, wen du befreist? 4505
FAUST. Komm! komm! schon weicht die tiefe Nacht.
MARGARETE. Meine Mutter hab ich umgebracht,
Mein Kind hab ich ertränkt.
War es nicht dir und mir geschenkt?
Dir auch. – Du bist's! ich glaub es kaum. 4510
Gib deine Hand! Es ist kein Traum!
Deine liebe Hand! – Ach, aber sie ist feucht!
Wische sie ab! Wie mich deucht,
Ist Blut dran.
Ach Gott! was hast du getan! 4515
Stecke den Degen ein,
Ich bitte dich drum!
FAUST. Lass das Vergangne vergangen sein,
Du bringst mich um.

4514 *Ist Blut dran*: nicht wörtlich, sondern bildlich. Aber für Margarete wird der Bildsinn wieder zum Wortsinn.

MARGARETE. Nein, du musst übrig bleiben!   4520
  Ich will dir die Gräber beschreiben,
  Für die musst du sorgen
  Gleich morgen;
  Der Mutter den besten Platz geben,
  Meinen Bruder sogleich darneben,   4525
  Mich ein wenig beiseit,
  Nur nicht gar zu weit!
  Und das Kleine mir an die rechte Brust.
  Niemand wird sonst bei mir liegen! –
  Mich an deine Seite zu schmiegen,   4530
  Das war ein süßes, ein holdes Glück!
  Aber es will mir nicht mehr gelingen;
  Mir ist's, als müsst ich mich zu dir zwingen,
  Als stießest du mich von dir zurück;
  Und doch bist du's und blickst so gut, so fromm.   4535
FAUST. Fühlst du, dass ich es bin, so komm!
MARGARETE. Dahinaus?
FAUST. Ins Freie.
MARGARETE.   Ist das Grab drauß,
  Lauert der Tod, so komm!
  Von hier ins ewige Ruhebett   4540
  Und weiter keinen Schritt –
  Du gehst nun fort? O Heinrich, könnt ich mit!
FAUST. Du kannst! So wolle nur! Die Tür steht offen.
MARGARETE. Ich darf nicht fort, für mich ist nichts zu hoffen.
  Was hilft es fliehn? Sie lauern doch mir auf.   4545
  Es ist so elend, betteln zu müssen,
  Und noch dazu mit bösem Gewissen!
  Es ist so elend, in der Fremde schweifen,
  Und sie werden mich doch ergreifen!
FAUST. Ich bleibe bei dir.   4550
MARGARETE. Geschwind! Geschwind!
  Rette dein armes Kind.
  Fort! immer den Weg
  Am Bach hinauf,
  Über den Steg,   4555

4521 *die Gräber beschreiben*: nicht: vorhandene Gräber beschreiben, sondern *beschreiben* bezieht sich auf die gewollte Anordnung der Gräber und der Toten in ihnen, zu denen sich Margarete imaginativ schon zählt
4538 f. *Ins Freie ... so komm!*: Das *Freie*, die Freiheit kann sich Margarete nur noch vom Tod und der Eingeschlossenheit im engen Grab versprechen.

In den Wald hinein,
Links, wo die Planke steht,
Im Teich.
Fass es nur gleich!
Es will sich heben,   4560
Es zappelt noch!
Rette! rette!
FAUST. Besinne dich doch!
Nur einen Schritt, so bist du frei!
MARGARETE. Wären wir nur den Berg vorbei!   4565
Da sitzt meine Mutter auf einem Stein,
Es fasst mich kalt beim Schopfe!
Da sitzt meine Mutter auf einem Stein
Und wackelt mit dem Kopfe;
Sie winkt nicht, sie nickt nicht, der Kopf ist ihr schwer,   4570
Sie schlief so lange, sie wacht nicht mehr.
Sie schlief, damit wir uns freuten.
Es waren glückliche Zeiten!
FAUST. Hilft hier kein Flehen, hilft kein Sagen,
So wag ich's dich hinwegzutragen.   4575
MARGARETE. Lass mich! Nein, ich leide keine Gewalt!
Fasse mich nicht so mörderisch an!
Sonst hab ich dir ja alles zulieb getan.
FAUST. Der Tag graut! Liebchen! Liebchen!
MARGARETE. Tag! Ja, es wird Tag! der letzte Tag dringt herein;   4580
Mein Hochzeittag sollt es sein!
Sag niemand, dass du schon bei Gretchen warst.
Weh meinem Kranze!
Es ist eben geschehn!
Wir werden uns wiedersehn;   4585
Aber nicht beim Tanze.
Die Menge drängt sich, man hört sie nicht.
Der Platz, die Gassen
Können sie nicht fassen.
Die Glocke ruft, das Stäbchen bricht.   4590
Wie sie mich binden und packen!
Zum Blutstuhl bin ich schon entrückt.

4582 *Sag niemand ... Gretchen warst*: in ihrer Kammer, die Faust indessen (2694) bereits als *Kerker* bezeichnet hatte. So changieren die Wirklichkeisebenen: die Kammer ist Kerker, der Kerker Kammer.
4585 *wiedersehn*: im Jenseits (Schöne 382 f.), oder vielleicht doch bei der Hinrichtung?
4590 *das Stäbchen bricht*: richterliches Zeichen, dass das Leben verwirkt ist

Schon zuckt nach jedem Nacken
Die Schärfe, die nach meinem zückt.
Stumm liegt die Welt wie das Grab! 4595
FAUST. O wär ich nie geboren!
MEPHISTOPHELES *erscheint draußen.* Auf! oder ihr seid verloren.
Unnützes Zagen! Zaudern und Plaudern!
Mein Pferde schaudern,
Der Morgen dämmert auf. 4600
MARGARETE. Was steigt aus dem Boden herauf?
Der! der! Schick ihn fort!
Was will der an dem heiligen Ort?
Er will mich!
FAUST. Du sollst leben! 4605
MARGARETE. Gericht Gottes! dir hab ich mich übergeben!
MEPHISTOPHELES *zu Faust.* Komm! komm! Ich lasse dich mit ihr im Stich.
MARGARETE. Dein bin ich, Vater! Rette mich!
Ihr Engel! Ihr heiligen Scharen,
Lagert euch umher mich zu bewahren! 4610
Heinrich! Mir graut's vor dir.
MEPHISTOPHELES. Sie ist gerichtet!
STIMME *von oben.* Ist gerettet!
MEPHISTOPHELES *zu Faust.* Her zu mir!
Verschwindet mit Faust.
STIMME *von innen, verhallend.* Heinrich! Heinrich! 4615

4593 f. *Schon zuckt ... zückt:* Margarete beschreibt „eine Massenempfindung der gebannten Zuschauer" (Arens, 463), imaginiert also nicht nur die eigene Todesempfindung, sondern auch szenisch die Rückwirkung dessen, was ihr geschieht, auf die Zuschauer.
4596 *O wär ich nie geboren!:* Schöne (384) erinnert an klassische Muster des Textbezugs: die Selbstverfluchung Hiobs (3,3), Jesu Urteil über Judas (Matth. 26,24), Sophokles' *Ödipus* (1225) sowie das Faustbuch von 1587 (*Historia* 1587, 42), vgl. S. 170
4608 ff. *Dein bin ich ... mich zu bewahren!:* Psalm 34, 5 ff.
4612 *Sie ist gerichtet!* (von oben) *Ist gerettet!:* Gerettet ist die unsterbliche Seele, gerichtet der irdische Leib. Aber dass diese kommode Zweiteilung für G. nicht so umstandslos vonstatten geht, belegt die Tatsache, dass Mephisto, der Höllengeist, die irdische Justiz zum Ausdruck bringt, während die *Stimme von oben* nicht die personale Eindeutigkeit eines Engels im Mysterienspiel besitzt und daher äußerst vage bleibt. Goethe hält auch hier am Genus *Tragödie* fest.

DER FAUST-STOFF VOR GOETHE

1. Der geschichtliche Faust

Über den geschichtlichen Faust ist wenig bekannt, selbst sein Name ist nicht zweifelsfrei überliefert. Hieß er Georg oder Johann Faust, vielleicht auch Georg Zabel (Sabellicus), der sich den Beinamen „Faustus" (der Glückliche) erst später zulegte? Er soll 1480 in Knittlingen bei Maulbronn geboren sein. Allgemein wird er als „umherziehender Halbgelehrter" charakterisiert, der als Astrologe, Zauberkünstler, Wahrsager, Handleser, Feuerdeuter und Harnbeschauer auftrat, sich allerlei sensationeller Kunststücke und Wundertaten rühmte und nicht selten aus den Städten seines Wirkens ausgewiesen wurde, so, urkundlich bezeugt, 1528 aus Ingolstadt wegen Sodomie und Nekromantie. Faust zog als ein Fahrender in Deutschland herum, im Süden wie im Westen, und er soll 1540 in Staufen bei Freiburg im Breisgau gestorben sein.

Gerade weil man von ihm konkret nicht viel wusste, ließen sich bald schon Wünsche und Ängste auf ihn projizieren: Er galt als Teufelsbündner und wandelte sich zum Mythos, indem er zum Träger von Eigenschaften und Fähigkeiten anderer, auch gelehrter Zeitgenossen, stilisiert wurde. So vermischen sich in Faust als Figur biografische und zugeschriebene Züge in unentwirrbarer Weise, sodass nicht selten bereits auf die literarische Überlieferung zurückgegriffen wird, wenn man sein Leben beschreibt.

2. Volksbücher

a) Das Volksbuch von 1587: *Historia von D. Johann Fausten, dem weit beschreiten Zauberer und Schwarzkünstler* (gedruckt in Frankfurt am Main von Johann Spies).

Der unbekannte Verfasser dieses ersten Faust-Buches greift die geschichtliche Figur auf, um sie zum Träger schwankhafter Abenteuer zu machen, die indessen ein umfassendes Arsenal all jener Elemente ergeben, die für die spätere Rezeption, auch Goethes, bedeutsam wurden: Faust der Teufelsbündler, sein Abfall von Gott, seine Tätigkeit als hilfreicher Arzt, seine astrologischen Fähigkeiten, seine Beschwörungs- und Zauberaktionen, mittels deren er antike und mythologische Gestalten (Helena!) erscheinen ließ, all dies versammelte das Volksbuch in bunter Reihe. Am Ende wird Faust – trotz bewiesener Reue – vom Teufel geholt. Die Darstellung folgte dem Geschmack eines breiten Publikums, das dem Werk viele Auflagen und variierende Bearbeitungen zuteil werden ließ. Übersetzungen in die englische, französische, flämische und tschechische Sprache folgten bereits unmittelbar nach Erscheinen des deutschen Textes.

b) Das Volksbuch von 1599: Georg Rudolf Widmann *Die wahrhaftigen Historien von den greulichen und abscheulichen Sünden und Lastern, auch von vielen wunderbarlichen und seltsamen Ebenteuren* ...

Dem in die Länge gezogenen Titel entsprach der deutlich gesteigerte Umfang, den Widmann von 227 auf etwa 800 Seiten dehnte, indem er neue Abenteuer, insbesondere aber umfangreiche moraltheologische Kommentare hinzufügte. Der Erfolg dieser neuen Version, in der das Schwankhafte hinter das exemplarisch Abschreckende zurücktrat, war weitaus geringer als der der ursprünglichen Fassung. Von Widmanns Werk ist nämlich nur eine Auflage bekannt.

c) Das Volksbuch von 1674: Ch. Nicolaus Pfitzer *Das ärgerliche Leben und schreckliche Ende des viel berüchtigten Erzschwarzkünstlers D. Johannis Fausti*
Diese Darstellung fügte sich wieder enger dem ersten Volksbuch an, erweiterte jedoch den Stoff um die Episode von Fausts Liebe zu einer „ziemlich schönen, doch armen Magd vom Lande" und bereitete so den motivischen Grund für die Gretchen-Handlung bei Goethe.

d) Das Volksbuch von 1725 *Des durch die ganze Welt berufenen Erzschwarzkünstlers und Zauberers Doktor Johann Fausts mit dem Teufel aufgerichtetes Bündnis, abenteuerlicher Lebenswandel und mit Schrecken genommenes Ende*
Der anonyme Verfasser nannte sich einen „Christlich Meynenden". Er reduzierte die Darstellung – hier entgegen dem ausgestellten Titel – auf den blanken Sagenstoff, befreit von theologischem und moralischem Beiwerk, und kam mit 48 Seiten aus. In dieser Form erlebte das Buch bis 1820 33 Auflagen.

3. Dramatische Bearbeitungen

a) Christopher Marlowe: *Tragical History of Doctor Faustus*
Marlowes Tragödie, zwischen 1587 und 1593, seinem Todesjahr, entstanden, enthält bereits weite Teile des Goethe'schen Handlungsschemas: Anfangsmonolog mit der Reflexion auf die Fakultäten, Magie, Geisterbeschwörung, Pakt, Hinwendung zur großen Politik, Helena-Beschwörung, schließlich – anders als bei Goethe – Reue und dennoch die Höllenfahrt. Marlowe, bedeutendster Vorgänger Shakespeares, gestaltete eine Charaktertragödie, die ganz auf das Scheitern ihres titanischen Helden angelegt war.

b) Englische Wanderbühnen
Im 17. Jahrhundert gelangte Marlowes Werk nach Deutschland, allerdings nicht im „Original", sondern in der Bearbeitung durch englische Wanderbühnen, die das Drama den Bühnenverhältnissen und dem jeweiligen Publikumsgeschmack entsprechend abwandelten. Zwar sind Textfassungen dieser Zeit nicht überliefert, doch ist aus sekundären Quellen bekannt, dass Fausts lustige Gegenfigur des Hanswursts, bei Marlowe bereits angelegt, hier eine größere Rolle zu spielen begann.

c) Puppenspiele
Die Bühnenfassungen wurden seit Beginn des 18. Jahrhunderts zu Marionettenspielen umgearbeitet und Goethe bekannte in *Dichtung und Wahrheit*: „Die bedeutende Puppenspielfabel ... klang und summte gar vieltönig in mir wider ...", sodass als sicher gelten kann, dass der Stoff in dieser Form zu Goethe gelangte, während er die Marlowe-Version erst viel später kennen lernte. Dass ihm jedoch auch die Fassung des „Christlich Meynenden" bekannt gwesen ist, darf angesichts ihrer weiten Verbreitung als wahrscheinlich gelten.

4. Weitere Bearbeitungen bis Goethe

In der Zeit vor und nach 1770, als Goethe sich mit dem Stoff zu befassen begann, ist eine Reihe anderer dramatischer und epischer Versionen entstanden, so die von Weidmann, Friedrich („Maler") Müller und Friedrich Maximilian Klinger. Von Gotthold Ephraim Lessings Faust-Plan sind nur wenige Fragmente überliefert, die indessen bereits eine wichtige Wende in der Geschichte der Stoff-Bearbeitungen signalisieren. Lessing nämlich wollte das Stück nicht mit dem Triumph des Bösen über den menschlichen Wissensdurst enden lassen: „[...] die Gottheit hat dem Menschen nicht den edelsten der Triebe gegeben, um ihn ewig unglücklich zu machen." Bei Lessing also kündigt sich Goethes Abkehr von der Höllenfahrt Fausts bereits an, eine aufgeklärte Perspektive auf den Stoff, die Goethe dann später jedoch nur ironisch gebrochen zu realisieren vermochte.

GLOSSAR

Alchemie: Von arabisch *al-kimiya*, im Mittelalter und in der frühen Neuzeit wissenschaftliche Beschäftigung mit chemischen Stoffen. Erneuerung durch Paracelsus, J. B. von Helmont, J. R. Glauber. Ziel der alchemistischen Kunstlehre war das *Magisterium* bzw. *Opus magnum*, die Selbstwerdung des Menschen durch eine Umwandlung (Transmutation), einen Läuterungsprozess in chemischen Operationen. Die Vorstellung wesentlicher humaner Werte wurde mit der Idee der Stoffe und ihrer Behandlung vereinigt zum Symbol eines göttlichen Mysteriums. Sichtbares Zeichen des Gelingens war das Gold, das in jedem Stoff als potentiell enthalten vorgestellt wurde. Das Gold galt als Symbol jenes Göttlichen, das in der Vereinigung der Gegensätze bestand, etwa von Männlichem und Weiblichem, Makro- und Mikrokosmos (vgl. dort). Mittel zur Herstellung des Goldes war der „Stein der Weisen", durch welchen den Stoffen als ihrem „Samen" das Gold extrahiert werden sollte, um es in anderen Stoffen wachsen zu lassen.

Die A. war jedoch nicht nur eine mystische Symbolik ausdrückende Geheimwissenschaft, brachte vielmehr auch praktische Erfahrungen in der Laborarbeit und bei der Entdeckung von Stoffen wie Phosphor, Porzellan und Schwarzpulver. Insofern war die A. durchaus geeignet die moderne Chemie vorzubereiten. (Vgl. auch Erläuterung zu 1042 ff.)

Erdgeist: Goethes Anregungen zur Erdgeist-Konzeption dürften vielfältig gewesen sein, so z. B. die Naturphilosophie des 16. Jh.s, der zufolge jedes Gestirn von einem besonderen Geist bewohnt wird, der dessen Gang bestimmt. Emanuel Swedenborg (1688–1772) rühmte sich noch im 18. Jh. des Verkehrs mit den Planetengeistern. Ernst Grumach verweist 1953 auf Georg von Wellings *Opus mago-cabbalisticum* (1735) als Quelle, während Albrecht Schöne das mythologische Lexikon Benjamin

Hederichs (1724, 1770) als diejenige Quelle benennt, welche die Erklärungsansätze für das Verhältnis E.–Mephisto aufweist. „An sich aber war dieses Grundwesen [E., ursprüngliches Wesen aller Dinge] nichts anderes, als was man die Natur nennet." (Hederich)

Magie: Von griechisch *mageia* Zauberei, Geheimwissenschaft. Sammelbezeichnung für Praktiken, mit denen der Mensch seinen Willen auf einen Gegenstand überträgt und dabei darauf vertraut, dass diese Handlung eine Macht besitzt, die weitgehend automatisch wirkt. Unterschieden wird in *schwarze* M. (fälschlich abgeleitet aus Nekromantie), die auf die Schädigung der Adressaten abzielt, und *weiße* M., die ohne schädigende Intentionen einen Erfolg zu erzielen beabsichtigt. Die christliche Tradition unterschied Magia *naturalis* und *innaturalis*, Handlungen, die in der Natur begründet sind bzw. außernatürliche und daher verbotene. Der Begriff des *Wunders* umfasste im 16. Jh. (Faust-Zeit) beide Seiten dieser christlichen Auffassung. Im 17. Jh. wurde die Frühform der modernen Naturwissenschaft mit dem Begriff *Magia naturalis* gekennzeichnet. M. und Wissenschaft sind insofern historisch keine absolut konträren Kategorien.

Makrokosmos: Weltall, Universum, Gegenbegriff zu *Mikrokosmos*. Der M. ist das Weltall mit allen spezifischen Kräften und deren Wechselbeziehungen und ihrer höheren Einheit. Das Zeichen des M. ist ein Schema (geometrische Figur, magisch-mystisches Symbol) der Elemente, in dem die Kräfte des Alls und ihre Wirkungsweise chiffriert sind. Goethe in *Dichtung und Wahrheit:* „Indessen beschäftigte mich die Bearbeitung solcher gestaltlosen Vorstellungen einige Zeit lang, indem ich sie, durch eine Art mathematische Symbolik, nach Weise meiner Vorgänger zu versinnlichen strebte, und die unorganischen Wesen, mit denen ich mich alchymisch oder chymisch beschäftigte, dadurch zu begeistern trachtete." (Vgl. *Alchemie, Pansophie.*)

Metaphysik: Erkenntnislehre von Dingen, die über die sinnlich-körperlich erfahrbare Welt hinausgehen bzw. jenseits ihrer ihren Platz haben (Ideen wie *Freiheit, Gott, Unsterblichkeit*). Die M. galt in ihrer klassischen Ausprägung als Grundwissenschaft in dem Sinne, dass sie ein System von Ideen entwickelte, das den inneren Möglichkeitsgrund der Erfahrungswelt abgeben sollte. Während also bis in die Zeit der Aufklärung hinein die M. der Empirie (= auf Erfahrung beruhenden Erkenntnissen) vorgeordnet wurde, stülpte Immanuel Kant diese Hierarchie um zugunsten einer raumzeitlich und logisch regulierten Erfahrungswissenschaft.

Neuplatonismus: Letzte bedeutende Schule der griechischen Philosophie (200 bis 500 n. Chr.), repräsentiert durch ihren Gründer Plotin. Nach Auffassung des N. ist die Welt eine Ausstrahlung (Emanation) des über alle Bestimmungen erhabenen Einen (Gott), vom Geist über die Seele zur Materie. Da die Wesen die Tendenz haben, zum Einen zurückzukehren, besitzt die Welt eine doppelte Stufung, die der Emanation und die der Rückkehr. In allem Seienden existiert ein Verweis auf seinen Grund, der zugleich als ursprüngliches Licht der Erkenntnis gedeutet wird. (Symbolische Zeichenlehre: Die Dinge bedeuten sich selbst und zugleich ihren göttlichen Grund, auf den sie verweisen.) Der N. wirkte über den Islam und die Renaissance bis hin zu Paracelsus, Nikolaus von Kues sowie Agrippa von Nettesheim. (Vgl. auch *Pansophie.*)

Pansophie: Lehre von der All-Einheit der Welt. Eine aus dem *Neuplatonismus* (vgl. dort) stammende Auffassung, die alle Differenzen und Gegensätze in Natur und Geist zurückführt auf das Prinzip göttlicher Selbstentfaltung. Die P. (vorbereitet u. a. von Jakob Böhme und Paracelsus) strebte eine Zusammenfassung allen Wissens von Gott und der Welt zu einem Gesamtsystem des Wissens an. Der Mensch ist dieser Auffassung zufolge ein „Auszug" des *Makrokosmos* (vgl. dort) und es bestehen *magische* Beziehungen zwischen der großen und der kleinen Welt, die sich in Zuordnungen etwa von Gestirnen, Metallen und menschlichen Organen manifestiert finden (Beispiel: Jupiter – Zinn – Leber).

Physiognomik: Psychologische Lehre von der Beziehung zwischen Körperformen, insbesondere Gesichtszügen, und charakterlichen Eigenschaften. Im späten 16. Jh. entwarf, basierend auf antiken Überlieferungen, G. B. Della Porta ein System von 43 Menschentypen, indem er neben den statischen Formen auch Körperhaltung, Gang und Sprache berücksichtigte. Im späten 18. Jh. entwickelte sich ein Streit zwischen solchen, die sich auf fixe Körperformen bezogen wie J. K. Lavater, mit dem Goethe in den siebziger Jahren befreundet war, und anderen wie G. C. Lichtenberg, die sich vorwiegend an der Mimik, der Gestik und anderen beweglichen Ausdrucksträgern orientierten.

Scholastik: „Schulwissenschaft", bezogen auf Zentren des Mittelalters, in denen Theologie und Philosophie als einheitliches, geschlossenes System gelehrt wurde. Christliche Offenbarungslehre und Philosophie wurden auf den *einen* menschlichen Geist bezogen, dessen Befähigung sich in einem System von Denkakten bezeugte. Charakteristisch für die Sch. waren ihre dogmatische Grundorientierung sowie die formalisierte Abfolge der Denkakte, die jenseits aller Erfahrung selbstbezüglich vollzogen wurden mit dem Ziel, den Offenbarungsglauben vernünftig zu begründen.

Theosophie: Weltbetrachtung aus religiöser Sicht, beruhend auf der Einheit von himmlischem und irdischem Wissen, Glauben und Wissenschaft. Theosophisch geprägt sind der *Neuplatonismus* (vgl. dort), die Gnosis, die Kabbala sowie die Mystik des 16. bis 18. Jh.s. In der frühen Neuzeit erfuhr die Th. ihren Höhepunkt, später nochmals in der Romantik (v. Baader, Schelling). Die Th. ist eng verwandt mit der *Pansophie* (vgl. dort).

BIBLIOGRAFIE

ARENS = Hans Arens. Kommentar zu Goethes *Faust I*, Heidelberg 1982
ERLER = Goethes *Faust*-Dichtungen. Nachdruck des 8. Bandes der „Berliner Ausgabe" von Goethes Werken. Bearbeiter dieses Bandes: Gotthard Erler. Nachwort und bibliografische Hinweise von Gerhart Pickerodt [Goldmann-Klassiker mit Erläuterungen Bd. 7517], München 1978
GAIER = Ulrich Gaier. Goethes *Faust*-Dichtungen. Bd. 1: Texte, Bd. 2/3: Kommentare. Stuttgart [Reclam] 1999
HAMM = Heinz Hamm. Goethes *Faust*. Werkgeschichte und Textanalyse, Berlin 1981[2]
FRIEDRICH/SCHEITHAUER = Theodor Friedrich und Lothar J. Scheithauer. Kommentar zu Goethes *Faust* [Universal-Bibliothek Nr. 7177-80/80a], Stuttgart 1959
PROSKAUER = Goethes *Faust*. Erster Teil. Mit fortlaufenden Erklärungen von Karl Julius Schröer, erweitert durch Hinweise aus Schriften und Vorträgen von Rudolf Steiner. Bearbeitet und herausgegeben von Heinrich O. Proskauer, Basel 1982
TRUNZ = *Faust*. Eine Tragödie. Goethes Werke. Hamburger Ausgabe Bd. 3. Textkritisch durchgesehen und mit Anmerkungen versehen von Erich Trunz, Hamburg 1959[4]
SCHMIDT = Goethes Werke. Herausgegeben im Auftrag der Großherzogin Sophie von Sachsen. I. Abteilung: Werke. 14. Band, Faust. Erster Teil, hrsg. von Erich Schmidt und Bernhard Suphan, Weimar 1887
SCHÖNE = Johann Wolfgang Goethe. *Faust*. Texte und Kommentare, hrsg. von Albrecht Schöne. Johann Wolfgang Goethe. Sämtliche Werke, Briefe, Tagebücher und Gespräche. I. Abteilung: Sämtliche Werke Bd. 7/1+2 [Bibliothek deutscher Klassiker], Frankfurt am Main 1994

BILDQUELLENVERZEICHNIS

S. 4: F. Bury: Goethe. Kreidezeichnung, 1800. Bildarchiv preußischer Kulturbesitz, Berlin 1996.

Klassische Schullektüre

Herausgeber: Ekkehart Mittelberg

Georg Büchner, Dantons Tod
S: 978-3-464-12114-6   *K:* 978-3-464-12115-3

Georg Büchner, Lenz
S: 978-3-464-60598-1   *K:* 978-3-464-60599-8

Georg Büchner, Leonce und Lena
S: 978-3-464-60002-3   *K:* 978-3-464-60014-6

Georg Büchner, Woyzeck
S: 978-3-454-52050-8   *K:* 978-3-454-52060-7

Adelbert von Chamisso
Peter Schlemihls wundersame
Geschichte
S: 978-3-454-52190-1   *K:* 978-3-454-52195-6

Annette von Droste-Hülshoff
Die Judenbuche
S: 978-3-464-52208-0   *K:* 978-3-464-52209-7

Günter Eich, Träume
S: 978-3-464-12130-6   *K:* 978-3-464-12131-3

Joseph von Eichendorff
Aus dem Leben eines Taugenichts
S: 978-3-464-60661-2   *K:* 978-3-464-60662-9

Theodor Fontane, Effi Briest
S: 978-3-464-60018-4   *K:* 978-3-464-60049-8

Theodor Fontane, Unterm Birnbaum
S: 978-3-454-52090-4   *K:* 978-3-454-52095-9

Max Frisch
Herr Biedermann und die Brandstifter
S: 978-3-464-60104-4   *K:* 978-3-464-60105-1

Johann Wolfgang Goethe, Faust I
S: 978-3-464-52203-5   *K:* 978-3-464-52204-2

Johann Wolfgang Goethe
Götz von Berlichingen
S: 978-3-464-12132-0   *K:* 978-3-464-12133-7

Johann Wolfgang Goethe
Iphigenie auf Tauris
S: 978-3-464-12148-1   *K:* 978-3-464-12149-8

Johann Wolfgang Goethe
Die Leiden des jungen Werthers
S: 978-3-464-12118-4   *K:* 978-3-464-12119-1

Gerhart Hauptmann
Bahnwärter Thiel
S: 978-3-454-52200-7   *K:* 978-3-454-52205-2

Gerhart Hauptmann, Der Biberpelz
S: 978-3-454-52070-6   *K:* 978-3-454-52080-5

Gerhart Hauptmann, Die Weber
S: 978-3-464-12122-1   *K:* 978-3-464-12123-8

Friedrich Hebbel, Maria Magdalena
S: 978-3-464-60600-1   *K:* 978-3-464-60605-6

E. T. A. Hoffmann
Das Fräulein von Scuderi
S: 978-3-464-12124-5   *K:* 978-3-464-12126-9

E. T. A. Hoffmann, Der Sandmann
S: 978-3-464-60636-0   *K:* 978-3-464-60637-7

Ödön von Horváth
Jugend ohne Gott
S: 978-3-464-60573-8   *K:* 978-3-464-60574-5

Henrik Ibsen
Nora oder Ein Puppenheim
S: 978-3-464-12110-8   *K:* 978-3-464-12111-5

Franz Kafka, Der Prozess
S: 978-3-464-60575-2   *K:* 978-3-464-60657-5

Franz Kafka
Erzählungen und andere Prosa
S: 978-3-464-60103-7   *K:* 978-3-464-60102-0

Franz Kafka, Die Verwandlung
S: 978-3-464-12116-0   *K:* 978-3-464-12117-7

Gottfried Keller
Kleider machen Leute
S: 978-3-454-52030-0   *K:* 978-3-454-52040-9

Gottfried Keller
Romeo und Julia auf dem Dorfe
S: 978-3-464-12134-4   *K:* 978-3-464-12135-1

S = ISBN Schülerband   *K = ISBN Unterrichtskommentar*